生命的哲學

吳怡 著

三民書局

國家圖書館出版品預行編目資料

生命的哲學／吳怡著.－－初版一刷.－－臺北市：
三民，2004
面；　公分

ISBN 957-14-3980-0　(平裝)

1. 人生哲學－論文，講詞等

191.07　　93006472

網路書店位址 http://www.sanmin.com.tw

© 生命的哲學

著作人　吳　怡
發行人　劉振強
著作財產權人　三民書局股份有限公司
臺北市復興北路386號
發行所　三民書局股份有限公司
地址／臺北市復興北路386號
電話／(02)25006600
郵撥／0009998-5
印刷所　三民書局股份有限公司
門市部　復北店／臺北市復興北路386號
重南店／臺北市重慶南路一段61號
初版一刷　2004年5月
編　號　S 121250
基本定價　參元貳角
行政院新聞局登記證局版臺業字第〇二〇〇號

ISBN 957-14-3980-0　(平裝)

序

本書選輯了我近年來的六篇文稿，雖然討論的內容不同，但貫串了這些文字，卻有三條共同的線索：一是中國整體的生命哲學，二是生命轉化的工夫，三是對未來生命開展的努力。統括起來本書取名為「生命的哲學」。

所謂「生命」，是指中國哲學影響政治、社會、人生而結合成一個整體的生命，在中華民族的歷史長流中綿延不斷。所謂「轉化」，是指生命的向上提昇。生命中最重要的是心的活動，所以生命的轉化乃是心的工夫。使我們由物質的心、氣質的心，提昇到理性的心、性靈的心。所謂「開展」，是指生命的向前奔放。但這不只是指肉體生命的延續，而是在延續中，生命的價值與意義不斷的受到肯定與發揚。我們不只是被動的走入二十一世紀，而是用我們生命的力、光和熱去開發二十一世紀。

第一篇，〈生命的心心相印〉，首先揭出了心的四個層次，由心臟、心識、心知，到心性。這心的四個層次，就概括了生命的整體。莊子與禪宗的證心，就是在這四個層次上去提昇，以「明」性靈的「心」，以「見」心的「性」靈。但這個心性並非高高在上，懸空吊著的，而是有血有肉、有知有覺的。所以莊子與禪宗的明心見性，乃是奠基於中國人能在現實生活中的轉化工夫。

第二篇，〈從生命的轉化看中國人間佛教的開展〉，是用中國哲學的生命轉化工夫，來發掘釋迦牟尼對生命的肯定與提昇，因為一般的看法，總把佛教的無我、無生解作對生命的捨棄。其實釋迦牟尼的實證也是對生命的一種轉化。因此中國人間佛教的開展必須本著中國哲學生命轉化的工夫，這也正發揮了釋迦牟尼思想的真義。本文杜撰了「生命轉化」的新世諦，也無非希望中國人間佛教能根據釋迦牟尼的真精神，而建立起一套以中國生命哲學為工夫的佛學。

第三篇，〈中國的生命哲學如何轉化「業與再生」的思想〉，是由中國文化以家庭為主的基礎，再加上儒道兩家的哲學去說明中國人如何融合，與轉化了印度業與再生的思想。在印度，無論是印度教或佛教，都把業與再生當作最主要的教義和修行的依據。可是在中國，業與再生只是世俗宗教勸人為善的一種說法，至於高層次的中國佛學，幾乎都超脫了業與再生，這是由於中國哲學的生命轉化工夫，可以使我們不需要業與再生，而能生生不已。

第四篇，〈從生命的轉化談新倫理的建設〉，是藉生命轉化的工夫來說明如何為現代社會建立一種新的倫理精神。我們今天常說「現代化」，這是盲目的、無力的、被動的，讓「現代」把我們化掉了，這是生命的向下沉淪。本文強調，我們要反轉來「化現代」，也就是用生命的轉化工夫去轉化現代。新倫理的建設便是最具體、也最基本的工程。

第五篇，〈易德的生命轉化工夫如何引導我們走向二十一世紀〉，今天我們剛步入二十一世紀之初，誰都無法預料這未來的一百年是怎樣的一個局面。但我們反觀二十世紀的歷史，及檢討今天所面臨的許多難題，便可以發現今天我們仍然缺少了什麼？仍然需要努力些什麼？本文從《易經》前十個卦的義理，知道我們需要：一、敬天的宗教和哲學（乾）；二、效地的生態環保（坤）；三、開發和節省能源（屯）；四、健全的成人教育（蒙）；五、精神的追求與建設（需）；六、觀念意識之爭的調和（訟）；七、軍備問題的解決（師）；八、確立國際共同的目標（比）；九、無私的柔德的培養（小畜）；十、世界新體制的建立（履）。如果能解決這十大問題，二十一世紀才會是一個和平安樂的大同社會（泰卦）。

第六篇，〈道家的整體生命哲學與現代生活〉，是由老莊的整體生命哲學，去論現代生活中因整體生命的被撕裂，而形成生命的四種陷落，即物欲追求的不安，知識膨脹的歧路，精神旺盛的疲殆，及價值錯亂的迷失。最後提出四種紓解的方法，即生理的回歸自然，智慧的轉化知識，精神的以德性為基礎，及超意識的價值提昇。

以上幾篇文字，都只是我的一些想法，編輯成書，也都是紙上談兵而已；最重要的，是這個心、這個生命。也許你我個人能提昇自己的心，轉化自己的生命，但這仍然是少數人，是有限的。如何能使社會的心向上提昇，世界的生命得到轉化，也許我們個人感覺力不從心，但我們的關心，卻能點燃起第一支傳遞的火炬。我們雖然不很樂觀，但卻沒有悲觀的餘地。

吳　怡

寫於二〇〇四年三月二十七日

美國加州整體學研究所

生命的哲學 目次

生命的心心相印——莊子、禪宗與中國生命轉化的哲學

一、心與生命

本題標出生命兩字，這正是莊子思想的主體。而「心心相印」即禪宗「以心傳心」的所本。但禪宗所謂的「禪」也是以生命為主體的，禪宗的「心」，正是生命的開闢。「心心相印」，是印證整個生命。「以心傳心」，也就是生命的感應。所以生命和心是這個講題的要點，我們可以說生命是客觀的存在，而心乃是主觀的作用。

首先我們從生命說起，先解剖這個生命，把生和命分開。在中國哲學裡，這個「生」，本是生生不已的，它是生化的一種能。《易經・繫辭傳》所謂：「天地之大德曰生。」天的生是一種創生的能，地的生是一種賦物以形，使萬物生長的能。天地合德，萬物就能化生。當天地合德，這個生便進入了「命」之中，這也就是說當大地賦物以形之後，就有了生命。因此當「生」進入了「命」之後，便為命所拘限。因為「命」是由兩部分構成的：一是形，一是氣。形是指萬物的形體，是負載生命的軀殼，氣是

指生命的作用，是推動生命發展的能量。「氣」字本由气變來，許慎《說文解字》指為雲氣。而「氣」的本意乃是諸侯來朝時，君王賜「芻米」之禮，而氣以米為形，自然與米氣有關。在中國文化裡，「氣」是宇宙萬物生存變化的主要元素，所謂氣運就是氣的運行，也就是氣在宇宙大化中的變動。「氣」和「生」是一體兩面，結合起來，就是生氣，即生生不已的氣化。可是當「生」進入了「命」之後，有了生命，也即是氣入了命之後，氣運便成了運氣。正如漢代王充在《論衡》上說：「人稟氣而生，含氣而長，得貴則貴，得賤則賤。」（〈命義〉）又說：「夫稟氣渥則其體強，體強則其命長，氣薄則其體弱，體弱則其命短。」（〈氣壽〉）王充是唯物的自然論者，他的氣化論也說明了一部分的事實，即我們的生命受氣運的作用而有富貴貧賤、年命短長的運氣的不同。總結以上所論，可見我們生命受到了兩種拘限：一是形體，一是運氣。我們一般人似乎都受這兩者所束縛，而無法突破。這是有了「生」，而後有「命」的必然性，看不透的，便是生命的一種悲哀。

前面談了「生」和「命」之後，接著，我們談一談這個「心」。因為「生命」是由氣化的作用，「生命」本身無法自拔。可是這個「心」卻不然，心有四個層次，即血、意、思和神。第一層，就「血」來說，這個心即是心臟，專管血脈循環。這個心完全為氣化控制，即所謂「血氣」。第二層，就「意」來說，即是情意，或欲望。這也是由血氣所影響的，即孔子所謂「血氣未定，戒之在色」；「血氣方剛，戒之在鬥」；「血氣既衰，戒之在得」。第三層，就「思」來說，即是思維作用，現在的科學觀念，指的是腦，但中國傳統習慣仍是指「心」。在這一層中，雖然也受到「氣」的影響，但卻能對氣有一種反制作用，即反省的思考。動物完全由氣化控制，不能自反，所以不能突破牠們被自然所局限的軀體，可是人能自反，所以人從動物中超脫出來，成為萬物之靈。今天人類的科學文明都是由這個能思考反省的「心」所造成的。單單的氣化不足以致此。最後第四層，就「神」來說，這個「心」即是精神，我們常把心和神連言為「心神」。這裡的「神」與我們一般情意欲望，及喜怒哀樂等情緒的精神不同，它能超脫形體、擺脫運命，不受氣化控制，同時，還能主導氣化，是精神的至高境界，這是莊子所謂的至人、真人、神人，老子和儒家所謂的聖，佛家所謂的佛，基督教所謂的神（是否上帝，我不敢斷語）。

由於「心」有這四個層次，可以向上提昇，所以「心」能打破「形」、「氣」兩者的局限，使生命不受軀體和命運的拘束，而能突破其藩籬，向上昇華，這就是本講題的旨趣。莊子和中國禪的心心相印，就是從這條線索下發展的。

二、莊子對生命的提昇

(一)生命的自主

人生的悲哀最大莫過於控制不住自己的生命。印度那位尊貴的王子——釋迦牟尼，便是因此而出家。統一中國，不可一世的秦始皇，也築不了生命的長城，抱憾以終。那一代霸雄曹操，對著生命，也只有徒然的悲唱「對酒當歌，人生幾何」。莊子早就有鑑於此，在〈齊物論〉中曾說：

一受其成形，不亡已待盡。與物相刃相靡，其行盡如馳，莫之能止，不亦悲乎？

人類軀體生命的由生到死，是一列不歸的特別快車，沒有中間的車站可以休息。其實，根本沒有剎車，只要一發動，就直到底站。這是人類所同然。但是莊子在這裡語氣一轉說：

其形化，其心與之然，可不謂大哀乎？

這是說人生中最大的悲哀，不是形死，而是心隨形死。所謂哀莫大於心死。然而在這話中透出的玄機就是形死，心不要與形同死，也就是形死而心不可以死。一說到「形死心不死」，很多人馬上就想到靈魂不死。但一提到靈魂都意味著死後的存在。在沒有死之前，都是指精神，可是莊子的「心不死」，是指此時此刻我們的心的自主。心非但不隨形死，而且還能作形體的主宰，在〈德充符〉上說：

> 死生亦大矣，而不得與之變，雖天地覆墜，也將不與之遺，審乎無假，而不與物遷，命物之化，而守其宗也。

這是說我們修養這個心，達到不變的真心，便能不受外界一切變動的影響，當然也不受生死的左右。這就是所謂不與物遷。後來魏晉時期的佛家僧肇寫了一篇〈物不遷論〉，即根據這個思想而發揮的，而我們心之所以能不遷者，也就是心能自主。所謂「命物之化」，即是主宰物化，也就是為物化之主。「守其宗」的宗即是指這個主。

在這裡，我們可以看出，所謂生命的自主，不是說生命本身能夠自主，就像開生命的列車，快開到底站時，突然停了下來，說「開到底站，沒有意思，我不玩了」。或者把車開出車道，而說「老子不照規矩玩，要玩別的」。生命的列車總歸要開到最後一站，所謂「生命的自主」，就是指在這班生命的列車的開馳當中，我是列車的主人，是我在開這部車，而不是別人趕鴨子上架似的送終。所以生命的自主，其實就是心的自主。

心的自主，是指我們的心不受生命的約束。我們曾說過生命的約束有兩個重要的方面，一個就是軀體的結束，一個就是富貴貧賤的命運的擺佈。而心的自主，就是要突破這兩個藩籬。

在這裡我們先談如何突破命運，也就是伴隨著我們生命而來的許多遭遇，有幸、有不幸。因為「生命」兩字本身就是抽象的，甚至是空洞的，它是以這些遭遇為它的內容。可是這些遭遇來到我們的生命之內，變成了我們生命的一體。無論我們喜歡，或不喜歡，好像是造物主的安排，我們往往不能自主，這就叫做命運。對於這個「命運」，一般人往往有三種態度，一是屈服於命運，做一天和尚撞一天鐘，這叫做宿命論。二是向命運挑戰的，硬是不服氣，不信有命。三是遊走於兩者之間，有時想改變命運，改不了，則又只好認命，但是認命又不甘心，因此有一肚子的怨言。莊子對命運的處理，他一面說：

死生存亡，窮達貧富，賢與不肖，毀譽飢渴寒暑，是事之變，命之行也。日夜相代乎前，而知不能規乎其始也。（〈德充符〉）

對於這些我們的理知無法找出最後的原因的，只有「知其不可奈何而安之若命」了。這好像是宿命論，但並不止於此，莊子接著說：

故不足以滑和，不可入於靈府，使之和豫通而不失於兌，使日夜無郤而與物為春，是接而生時於心者也。（〈德充符〉）

這是說：雖然把這些遭遇當作命運，但我們卻不受它們的影響，莊子和宿命論的不同，是莊子不讓這些外在的變化進入我們的心中，影響我們心的和樂，他的方法乃是使心突破命運的擺佈，而向上提昇。

這一提昇就是由心的修養使生命突破了命運，上達而和天命合一，我們普通講天人合一，其實就莊子來說，乃是天命和生命的合一。我們普通常把命運和天命混淆，所謂「生死有命，富貴在天」，把這兩句話重疊起來，豈不是生死、富貴在天命了嗎？的確，生死富貴是命運也是天命，命運是下一截的雲層，而天命乃是雲層上面的青天。由於我們站在地上，向上看，只有看到雲層，於是整個天便只有一層層的雲，可是當我們衝破雲層，直上青天後，再向下看時，我們便看到以前的我們為雲層所覆。這時候，我們看到前前後後清清楚楚，我們便不再為雲層所左右了。

我們曾提到有關軀體生命的問題，生命本身無法自主，因此必須由我們的心，把我們提昇到天之後，再來看形體生命的問題，莊子便是由這理境來解懸的，這也就是他為什麼在開宗明義第一篇的〈逍遙遊〉中，先使大鵬一飛沖天，再向下看那野馬塵埃的大地了。

㈡生命的肯定

我們已說過，如果落實在生命的形軀上，誰都難免一死。如果死是一切的結束，誰都沒有成功可言。在莊子的眼中，唯一能改變這個死的威脅，只有心不與形體同死。心的超然獨立、能自主，便使生命能自主。而這個心所以能自主，就是由於心能提昇到天的境界，然後再落下來觀照萬物的存在與變化。

就萬物個體生命來說，每個生命都由生到死，有他們自己的軌道，有的長、有的短，也都有他們的命定。在這一層上，人和其他動物沒有差別。然而其他動物在牠們生存時，不能自反牠們的存在；在牠們走向死亡時，沒有自覺牠們將會死亡的恐懼。當然某些高等動物也許有某一些對生存或死亡的反應，但那只是本能的。而我此處講自反、自覺卻是人的特性，這個特性就是來自於心的作用。當這個心陷落於生命的軀殼內，我們便會因此而有許多煩惱恐懼，所謂「人生不滿百，常懷千載憂」，可是我們這個心有一個特殊的提昇的功能，藉修養，使我們突破軀殼的限制，而上達於天。莊子的「天」，不是一般宗教講的神明，而是大自然。莊子把心投入這個廣闊無邊的大自然中，也就是和大自然結成一體，因此由這個心去觀照萬物，所看到的不是一個片斷的、不相關的個體，而是一個連環似的相接的整體。在〈至樂〉中有一大段生物演變的話：

> 列子行食于道從，見百歲髑髏，攓蓬而指之，曰：「唯予與女，知而未嘗死，未嘗生。若果養乎，予果歡乎？種有幾，得水則為……。青寧生程，程生馬，馬生人，人又返入於機，萬物皆出於機，皆入於機。」

胡適把這段話比做達爾文的生物進化論，我們不必這樣去和科學相附會，但是這段話顯然是發揮了〈內篇〉「化聲相待」的重要思想。

什麼是「化聲」？在〈齊物論〉開端，莊子描寫天地之間的自然產生一氣，這一氣吹到山林中，由於樹木的各種枝椏根莖、山岩的各種洞穴孔竅，而產生各種不同的聲音，這就像人間世的各種不同的形狀、觀念、知識，其實都是一氣的作用。這一氣的作用就產生了我們的形體的生死變化，如莊子妻死，他鼓盆而歌說：

> 不然，是其始死也，我獨何能無慨然，察其始而本無生。非特無生也，而本無形，非特無形也，而本無氣。雜乎芒芴之間，變而有氣，氣變而有形，形變而有生，今又變而之死，是相與為春秋冬夏四時也。（〈至樂〉）

所以生死只是一氣的變化，「化聲」者，就是萬物變化之氣。什麼是「相待」呢？這些萬物變化的氣息，就各個物體來說都是個別的，都是一氣的變化，一氣的循環，所以就整個自然來看，卻是一個接一個，所謂「相待」，就是一個等待著變成另一個。所謂「萬物以不同形相禪」，這是說萬物雖然形體不同，卻互相變化，我們軀體死後，埋在土中，會變化成別的東西。莊子藉著修道之士子輿病得快死的時候說：

予何惡，浸假而化予之左臂以為雞，予因以求時夜。浸假而化予之右臂以為彈，予因以求鴞炙，浸假化予之尻以為輪，以神為馬，予因而乘之，豈更駕哉？（〈大宗師〉）

這是說我們軀體死亡以後，這個軀體可變成任何物體，也都是天地一氣的變化。因此就大化看來，我仍然在天地之間，並沒有完全滅絕。所以現在的我，只是等待著變成另一個物體，由於我尚不知道將變成什麼東西，所以此刻只有做好份內的事，如莊子說：

夫大塊載我以形，勞我以生，佚我以老，息我以死。故善吾生者，乃所以善吾死。（〈大宗師〉）

這裡所謂「善吾生者」，就是對生命的肯定，儘管有形之勞，也甘之如飴，莊子又說：「若人之形者，萬化而未始有極也，其為樂者可勝計邪？」可見人身得來也不易，我們應該好好的保養生命。

莊子對生命的肯定，乃是肯定生命本為大自然的一體，而不至於貪生、怕死，他是把生死融為一氣。所謂「以死生為一條」，一般都說「生死」，也就是從生到死，好像死是生的結束，而他卻把生死、死生連成一起而說：

彼方且與造物者為人，而遊乎天地之一氣，彼以生為附贅懸疣，以死為決疣潰癰。夫若然者，又惡知死生先後之所在。（〈大宗師〉）

所謂不知「死生先後」，也就是不知生跟死哪個先哪個後。我們說生死，是有生而後有死，莊子此處說死生是因為死了之後能再生。所以生是由死而來。

舉個例子來說，在美國的遊樂場中，有一種有軌的汽車，孩子們開得很快樂，大人也不例外，儘管下面有軌道，好像命運的安排，儘管車子繞了三圈就到站，好像生命的終結，可是孩子們到了終站之時，還是很高興，下車後，又那麼興致匆匆、急急忙忙的去重新排隊，或玩別的。雖然他們到了終站，還是那麼興奮，這是因為他們還有得玩。同樣的，我們在這個大自然的遊樂場中，林林總總，變化莫測，我們不正是還有得玩嗎？這個還有得玩的心，就是真心。

㈢天地一真心

也許有人覺得這種玩法，是阿Q的精神。因為我們明明知道會死，死了之後也許只變成一堆黃土，什麼都玩不成。莊子的說法，豈不是自我解嘲罷了。

其實不然，莊子和阿Q不同，阿Q是對人生的懵懂，是無知，莊子卻看透了人生，是真知。莊子的哲學是由「知」出發，由小知而大知，由大知而真知，再由真知而轉化為至德。而這一向上的修養歷程，完全是這個心的向上提昇。我們曾把心的作用分為四個層次，最低的是血脈的心，高一點的是意識的心，再高一點是理知的心，最高是精神的心。所以由小知到真知，或轉化為至德，這就是精神的心。這個精神的心是兼合了真知和至德，就是所謂的真心，《莊子》書中沒有直接用真心二字，但用了很多不同的名詞來代替真心，如真宰、成心、常心、靈臺、天府，以及「吾喪我」的「吾」，「天地與我並生」的「我」，「采真之遊」的「真」，甚至真人、至人、神人、天人都是「真心」的具體象徵。

莊子之所以不用真心兩字，以我的臆測，因為真心是指心的至真至高的境界，它可以包括真宰、成心、常心等各種不同的方面，如果標出一個「真心」，容易和其他境界變成並列對等，而失去了它至高的綜合性。

關於這個真心的境界，莊子在〈內篇〉中已描寫得很多，他在〈大宗師〉中有五段對真人的描述，都是真心的境界。我們把它們加以概括的說明，這一個境界乃是超脫了我們個人的小知、小見、小成，轉變了我們情緒上的喜怒哀樂好惡欲，而和宇宙大化通而為一，這即是莊子在〈齊物論〉中最重要的兩句話，即「天地與我並生，萬物與我為一」。這裡的我，即是真我，即真心，「與天地並生」，是超脫時間的限制，與「萬物為一」，是超越空間的拘束，能夠超越時空，才能打破生命形體的界限。把生命提昇與天命合一，而作宇宙無窮無止之遊。

也許有人覺得這個境界太玄了，是否出於莊子的想像。在這裡，我們要了解，研究知識和修養心性的不同。研究知識可以用是非來評論，譬如在科學上或西洋哲學講是非，合乎邏輯推理的乃「是」，否則乃「非」。可是在心性修養上，它本身必須超是非，因此它講的是真和假。講修鍊，講工夫，都必須講個「真」修鍊、「真」工夫，否則便是假的。所以莊子這一境界沒有是非可言，完全在於你的能「修」與否。

關於莊子這一真心境界和修養的工夫，在全書中東說西說，說得很多，也很雜，但我們把它歸納起來，不外乎兩個要點，一個是坐忘，一個是物化，也就是一個忘字訣，一個化字訣。

「忘」和「化」是一種工夫的兩個方面。忘是對下的工夫，「化」是向上的工夫。可是能「忘」，則能由下而上的提昇精神，能「化」則能由上而下的及於萬物。

先看「忘」字，莊子有一段藉孔子與顏回對答而描寫「坐忘」的話：

> 墮肢體，黜聰明，離形去知，同于大通，此謂坐忘。(〈大宗師〉)

這裡的坐忘，類似一般的打坐，忘掉的是我的軀體和我的意識，當然跟隨著軀體的我、意識的我，還有一大堆數不清的附屬，如貧賤富貴、喜怒哀樂等等。這個「忘」字我們常常用到，但都作負面的解釋，指我們記性不好，忘這個，忘那個的。可是莊子卻把這個「忘」字轉成正面的作用，成為提昇生命、提昇精神的火箭。我把「忘」譬作火箭是有原因的，因為火箭送衛星到太空，送到一半時，它就必須自廢武功，摔下來，然後衛星才能走上自己的軌道，否則火箭如果不能忘情，不肯罷休，要送到底，問題就鬧大了。同樣，莊子的「忘」字，也就是我們生命的精神，往上送的一半的力量，送到某一高度之後，便必須轉而為「化」。「坐忘」所謂的「同于大通」就是「化」的境界，就像衛星入了太空，可以無所不通。

我們人類自從在伊甸園吃了智慧的蘋果之後，便和其他物類不同。但有知並沒有錯，西方哲學的定義就是愛知。可是知的累積，使人消受不了，於是人便學會了一個「忘」字，這個「忘」字本來是「知」的消化劑，可是人一學會了「忘」，有好的，也有壞的。忘記別人的過錯，這當然是好的，可是有的人偏偏是忘記別人對自己的好。由於人們會用了「忘」字，上帝也就無法支配人了，因為人會把上帝忘了，父母生我，很囉嗦，把他們忘了；朋友借錢給我，我不想還，把他們都忘了，所以莊子說：

> 人不忘其所忘，而忘其所不忘，此謂誠忘。〈德充符〉

這就是說，我們的形體的醜陋，是該忘的，卻忘不了。我們德行必須修養，這是不該忘的，我們都把它忘得一乾二淨。金錢的多少，是由於欲望的多少，有時候，我們該把它們忘掉。精神和道德，是我們生命重要的元素，是不該忘的，可是人們為了賺錢，不惜犧牲生命。等錢賺夠了，享受錢的生命已奄奄一息，這就是「忘」了不該忘的。所以我們用「忘」字訣的時候要小心，是要忘形體、忘命運，忘掉那一堆生命的拖累，「忘」了之後要能「化」，孟子曾說：

大而化之之謂聖，聖而不可知之謂神。〈盡心下〉

我們從小到大的發展，在有一點小成的時候，要能「忘」，也就是不執著於小成。否則我們把自己的「小成」，看為「大成」時，我們便看不到真正的「大」。事實上，真大的「大」是沒有「大」的形象，因為這個「大」能「化」。所謂「大而化之之謂聖」，這是儒家的話。在儒家，這個「化」是教化、感化，這是聖王的德業。但莊子卻由「聖」一直通到「神」，因為莊子的「化」從「變化」而來，又歸於「變化」。所謂「由變化而來」，就是由「變」到「化」，向上提昇，所謂「又歸於變化」，是指又落到萬物的層面，和萬物同化。這也是莊子化蝶的「物化」。

昔者莊周夢為胡蝶，栩栩然胡蝶也，自喻適志與！不知周也。俄然覺，則蘧蘧然周也。不知周之夢為胡蝶與，胡蝶之夢為周與？周與胡蝶，則必有分矣。此之謂物化。〈齊物論〉

所謂「物化」，不是為物所化，而是在我們達到真心後，見自己的真我，然後把萬物提昇上來，物物皆是真體。這樣，我便能與萬物同化，所謂「萬物與我為一」的一，就是這與萬物相同的真心。總結來說，莊子修鍊的最高層次就是達到這個真心的境界。唯有真心才能超脫軀體和命運兩種局限，使我們自主其生命，在宇宙大化中，能逍遙而遊。

三、禪宗對生命的體證

(一)生命的自覺

我們談禪宗，當然不能不談它的老祖宗——佛陀。我們在這裡說「自覺」，更不能不知道佛陀就是覺的意思。佛陀簡稱為佛，中文翻譯就是覺者。佛學上的定義就是指正覺和遍知的大徹大悟的人。遍知就是普遍的知道宇宙人生的道理。正覺就是遍知得正正確確，而沒有錯誤。合起來，就相當於莊子的真知。不過佛學中的這個覺是指自覺、覺他、覺行圓滿的意思，但這個覺最根本的還是自覺。沒有自覺，又哪裡談得到覺他和覺行圓滿。

釋迦牟尼是一位自覺者，後來他又稱為佛陀，甚至有那麼大的神通法力，那都是後世佛教因為宗教的需要而加添上去的。其實釋迦牟尼在一生四十五年的說法中，依據早期的經典，如《阿含經》等，我們看到的釋迦牟尼是一位很有哲學思想的導師，他只是為人說破人生煩惱的根源，讓人覺悟，不要執著這個假相的生命而已。他沒有自稱為偉大的佛，更沒有立佛像，要人崇拜他。他的言行是非常的平實的，就像我們的孔子一樣，所不同的，孔子是從政教著眼，而釋迦牟尼卻是重視人生痛苦的解脫。孔子到後來被高推聖境，幾乎神化。但總還算好，《論語》中學生說得明明白白：「子不語怪力亂神」，所以亂神之事無法完全加在孔子身上。每年孔誕，大家只是拔拔牛毛而已。可是釋迦牟尼由於生長在宗教掛帥的印度社會，後來佛教又是完全宗教化，所以釋迦牟尼被神化也就是必然的結果，儘管《金剛經》中一再說不要以為他說宇宙大法，不要以形相看他，但人們還是把他作這方面的膜拜。

真正的釋迦牟尼應該在於他的自覺，因為他在菩提樹下就是自覺的證悟。不過釋迦牟尼的自覺對生命的看法，是本著他最初也是最基本的教義，就是他的轉法輪，即教人四聖諦，即苦、集、滅、道。他是從苦觀著手，認為人生多苦（四苦、八苦）。而苦的本質，乃是我的不能自主、我的不能永恆，而苦的原因，就是由於無明的欲念形成了我的意識，產生了貪瞋癡的執著，而為這個假我所迷惑，為假我而求、而爭、而死。所以自覺就是要覺生命的假相。然而有假相，便有真相；有假我，便有真我。那麼這個真相、真我又是什麼呢？由於當時的婆羅門教，常言梵的真實和真我，可能釋迦牟尼為了避免誤會而對真我談得很少，他當時的言教，後來便歸結為三法印，即諸行無常、諸法無我、涅槃寂靜，似乎都在生命的否定面來自覺的，至於背後的真我卻都被忽略了。

此處我說中國禪的生命的自覺，究竟是言釋迦牟尼之已言、少言、未言，或不言，我不敢下斷語。

但就一般佛教、佛學的傳統來說，中國禪對生命的自覺都是另闢谿徑的，不然，就不會叫做教外別傳了。

強調生命的自覺，我們就以代表中國禪的真精神的六祖慧能來看，他在《壇經》中說得清清楚楚：

大小二乘，十二部經，皆因人置。因智慧性，方能建立。若無世人，一切萬法本自不有，故知萬法本自人與，一切經書因人說有。〈般若品〉

很顯然的，慧能在這裡特別強調個人的重要，人比經書還重要。再進一層說，人的重要，就是人的生命的重要。不過人的生命有兩種，一是軀體，一是精神。精神的，即是指自心。所謂生命的自覺，就是把生命從軀體層面，提昇到精神層面來，如他所說：

菩提般若之智，世人本自有之。只緣心迷，不能自悟。

自悟就是自覺。這個自覺就是在心上轉迷為悟，轉意識的心為智慧的心，如：

心量廣大，徧周法界。用即了了分明，應用便知一切。一切即一，一即一切，去來自由，心體無滯，即是般若。

可見禪的生命自覺，就在於從自心中去提昇。從血肉和意識的心，提昇到智慧和精神圓滿的心。明代的憨山大師更是說得明白：

佛祖出世，千言萬語種種方便，說禪說教，無非隨順機宜，破執之具。無實法與人。所言修者，只是隨順自心淨除妄想習氣影子。於此用力，故謂之修。若一念妄想頓歇，徹見自心，本來圓滿光明廣大，清靜本然，了無一物，名之曰悟。非除此心之外，別有可修可悟者。（憨山大師法要）

可見自覺者，就是覺生命的本真，及悟出生命並非限於形軀，而有更真實的存在。

㈡生命的現成

前面生命的自覺，是指生命從形軀上提昇，而此處生命的現成，是在提昇之後，見到了光明圓滿的自心，又再下降而肯定形軀的生命，甚至由自己的生命，而萬物的生命，去肯定萬物都有此真實的生命。

青原惟信曾有一段膾炙人口的公案，他說：

老僧三十年前未參禪時，見山是山，見水是水。及至後來親見知識，有個入處，見山不是山，見水不是水。而今得個休歇處，依前見山只是山，見水只是水。（《指月錄》卷二八）

這種由下向上，再由上向下，或者由現象向上提昇到本體，再由本體下降到現象界，正是禪宗由生命的自覺，而生命的現成的歷程。然而到了生命的現成的這一個境地，禪宗似乎在傳統佛教理論上，又別開了一個天地。

傳統佛教基本的理論，都以三法印來驗證。其中諸行無常可說是基本的佛法，在《阿含經》中一再的說，如：

一切無常，云何一切無常，若色，眼識，眼觸，若眼觸因緣生受——苦覺，樂覺，不苦不樂覺，彼亦無常。耳、鼻、身、意，亦復如是。

「色」是指外在的現象。由於「諸法無我」，沒有自性，只是四大聚合，緣盡還散，當然是無常的。因為「色」本身是無常的，那麼，眼識所觀的色，眼識所觸的色，也是無常的。既然眼識是無常的，那麼由於我們眼識所見，而產生的苦、樂的感覺也是無常的。

這種「諸行無常」的原始佛教，到了後期大乘佛學，已提出了「常、樂、我、淨」的四種境界，幾乎和原始佛教相背馳。然而在印度的大乘佛學裡，對於這四方面沒有大加發揮，雖然在《維摩詰經》、《楞嚴經》、《大涅槃經》中都有提示，可是在印度的佛教生活中如何實踐，我們都看不到詳細的事實。然而今天的中國佛學，深受到中國文化的洗禮，所以特別強調這四種境界，甚至代替了三法印的地位。

在中國佛學裡，禪宗特別發揮了「常、樂、我、淨」的四種境界。譬如禪宗強調自然之常、人生至樂、自性真我和人間淨土。尤其把這方面實踐在生活上，成為禪宗思想的主體。甚至在許多言教理論上，還越出了傳統佛學的範圍，如《壇經》中便有一段似乎和傳統佛學相反的對話：

師（慧能）曰：「無常者即佛性也，有常者即一切善惡諸法分別心也。」曰（徒行昌）：「和尚所說，大違經文。」師曰：「吾傳佛心印，安敢違於佛經？」曰：「經說佛性是常，和尚卻言無常。善惡諸法乃至菩提心，皆是無常，和尚卻言是常。此即相違，令學人轉加疑惑。」師曰：「《涅槃經》，吾昔聽尼無盡藏讀誦一遍，便為講說，無一字一義不合經文，乃至為汝，終無二說。」曰：「學人識量淺昧，願和尚委屈開示。」師曰：「汝知否，佛性若常，更說什麼善惡諸法，乃至窮劫，無有一人發菩提心者，故吾說無常，正是佛說真常之道也。又一切諸法若無常者，即物物皆有自性，容有生死，而真常性有不偏之處，故吾說常者，正是佛說真常義。」

（〈頓漸品〉）

慧能這段話在表面上是把佛性的常、萬法的無常說顛倒了，這似乎是三法印「諸行無常」的否定。如照胡適的慣用語，那無異是對印度佛法的革命了。其實，從另一方面來說，慧能的顛倒常與不常，也正是打破常與不常，也正是中道論的做法，也是承接了大乘思想而發展的。不過再深一層探討，這段話中有二個重點：一是「佛性無常」，這是把佛性從高高在上的理境中搬了下來，變成了可以藉工夫來提昇的境界；二是「物物皆有自性」，這是承認萬物都是有真性，這與「諸法無我」似有不同。由於慧能在此已有這種思想的線索，接著後來禪宗便進一步肯定無常即常，生活上一切的存在活動，在以前的佛學都認為「夢幻空花」，而在禪宗的點鐵成金下，都成了真體。不僅「即心是佛」，不假外修的工夫，一步步去提昇。只要當下一悟，立刻此心就是佛。而且更承認眼前所見的一切無情之物，也都是法身佛性，如「青青翠竹盡是法身，鬱鬱黃花無非般若」（《指月錄》）。在禪宗的眼中，本來面目的此心，與本地風光的萬物，都是以他們的真實相照映，這是生命活活潑潑的現成的美妙世界。

在這樣的世界裡，一切無常都轉為常道，穿衣吃飯是道，挑柴擔水是道。於是中國禪宗唱出了「平常心是道」的震古鑠今的名句，這又豈是二千年前釋迦牟尼所能想像得到的呢？

㈢長空一自性

禪宗大師天柱崇慧有一句名言：

萬里長空，一朝風月。

這兩句話描寫宇宙是永恆的空，而其中的任何一物，都像一朝的風和月，一瞬即逝，但即使短暫得只有一朝，而在一朝的存在，卻又是永恆的。這正同莊子「天地與我並生」的意思相合。

在這裡，我們用「長空」兩字，不只是指宇宙的長空，而且是指佛法上講的長空。就整個傳統的佛教的理論來說，是建構在一個空字上。原始佛教的「無我」、「無常」是空，「涅槃」當然是空，十二因緣也是空。到了後來大乘佛教，講真如是空，講佛性也是空。所以「空」可說是佛法的基本性格。可是中國的禪宗卻在這個長「空」中，抓住了「一朝風月」，而實證真常、真我。

真常、真我合而言之，就是禪宗講的自性。在傳統佛學上，自性和我所指相同，「諸法無常」，即「諸法無自性」，所以「自性」兩字都做負面意義用。可是在禪宗思想上，自性不僅是真常、真我，而且自性就等於佛性。在《壇經》中，六祖一再的說：

菩提自性，本來清淨。但用此心，直了成佛。

須得言下識自本心，見自本性，不生不滅，於一切時中，念念自見，萬物無滯。一真一切真，萬境自如如。如如之心，即是真實。若如是見，即是菩提之自性也。

從這兩段話中，可見慧能是把成佛和見自性、識本心連成一套工夫。在印度佛學中，就小乘佛教來說，成佛的只有釋迦牟尼一人，其他的人最高境界也只是阿羅漢而已。到了印度大乘佛學，尤其是大乘中期以後，有佛性思想的形成。佛性雖然人人具有，但我們要把本具的佛性變現出來，而使自己成佛，卻不知要守多少的戒律、修多少的德性。這是一條漫長而看不見的路子。就以釋迦牟尼的成佛來說，他也不是只有一世，而是不知修了多少劫。所以在大乘佛學中，雖然說人人都有佛性，把人和佛拉平等了，可是由於成佛之途的漫長，事實上，成佛又變成了遙不可及。

當禪宗把佛性轉變到自性之後，便沖淡了「佛」的高超性、神秘性。這個自性來自人性。這也是禪宗重視人性的一大特色。

要證得自性，禪宗為了避免傳統佛教那重重繁瑣的戒律苦修，而提出了頓悟的法門。雖然頓悟到了後代禪宗也變得光怪陸離，但在慧能的思想中卻是非常平實的。如他說：

若開悟頓教，不執外修。但於自心常起正見、煩惱塵勞，常不能染，即是見性。

這就是把頓悟法門歸結為「明心見性」四字，這四字乃是中國禪的中心思想。是工夫，也是境界。

見性即是頓悟，這是境界，而明心卻是在心上作工夫。明心和見性有所不同。見性是見自性。自性畢竟是性份上的境界，自性是純然至善的，而心卻有善有惡，所以工夫先要做在心上，如《壇經》上說：

> 自心歸依自性，是歸依真佛。自歸依者，除卻自性中，不善心、嫉妒心、諂曲心、吾我心、誑妄心、輕人心、慢他心、邪見心、貢高心。

根據這段話和慧能在《壇經》中的思想，自性就是我們的本心。但我們的心中有不善等各種念頭和邪見。這些念頭和邪見一除，這個心就是本心。這個本心和邪惡之心本來是一個心，是重疊的，而不如我們一般人的看法，心中一半善、一半惡的分割的。所以這邪惡之心一轉即是本心，本心即是自性，自性即是佛性。所謂「即心是佛」，就是指這個心，而這一轉即是頓悟。

當然「這一轉」說來好像容易卻也難，不是任何人都能轉，這也使得後人把頓悟反而變得神秘玄妙了。其實就理論來說這一轉只是在我們心中轉，這許許多多不善心等，也都是我們自己心中的念頭而已。這些念頭很輕，本來就容易轉，只是我們不肯去轉，如莊子所謂「福輕乎羽，莫之知載」（〈德充符〉）。在傳統佛學上，有許多戒律和修持方法，由於時代的演變及民俗的不同，當然不必執著。至於還有許多好的，也值得遵守。而慧能的方法，是在心中先轉，明了本心，見了自性之後，對於外在的戒律和修持，自然不會觸犯，而能遊刃有餘。

最後，歸結來說，慧能提出的自性，就像在宇宙的萬里長空中，使我們知道當前的自我一悟，即是佛性。直截明瞭，這不正是和莊子「天地與我並生，萬物與我為一」遙相呼應，如出一轍嗎！

四、中國生命轉化的哲學

㈠中國哲學思想的特色

中國哲學是生命的哲學。熱愛生命乃是中國哲學的共同精神。這個特色可以從以下三個方面來看：

1. 整體生命的系統

最近幾年來，我研究中國哲學，常用一個整體生命哲學的架構來表達，即：

這個架構，我在《關心茶》、《生命的轉化》等書中，都有介紹。在此處為了避免重複，只說明這一架構表達了中國哲學裡面如何對生命的強調。

這個「生」即天道的生生，這個「理」是指哲人們體承天道的生生，而發揮生命之理。這個「用」

即是把生命之理用在個人、社會上，去成就個人的生命，去安頓培養這個生命的溫床，即是社會的倫常秩序。

中國傳統哲學文化，強調「正德利用厚生唯和」即是以此為建構的，如：

在中國歷史上，每個朝代雖然有亂、有治，每位領袖雖然有好、有壞，但整個政治發展、整個人民生活便是以這一個建構為原則的。在中國文化上雖然我們常用一個「道」字作為宇宙人生的最高的本體或理想。在純粹的哲學探討上，也許把這個「道」說得很玄妙，可是落實在人生實用上，這一個建構就是「道」的具體表現，這是中華民族生存發展所遵循的原則，過去如此，今天與未來也是如此。

2. 生生不已的本質

談中國哲學，我們都必須追溯到源頭上，就像中華民族的發展，不能離開供給我們生命活泉的長江、黃河，而這兩條河流都來自共同的源頭，就是星宿海。同樣，中國哲學的星宿海，就是堯、舜、禹、湯、文、武、周公的道統。而在這一個道統上，有兩本書，一是《易經》，一是《書經》，它們就像長江、黃河一樣，提供了我們生命生存的所需。

分開來說，《易經》討論天道與人事之間的關係，以指導我們在宇宙中去做人的事情，以完成人在自然中的責任，就像長江一樣，造就了崇尚自然的江南文化。而《書經》敘述政治上的開山地、修水利、建制度，以指導人們如何處理人與人之間的問題，而使社會安定，萬邦安寧，就像黃河一樣，造就了強調人為的北方文化。當然借長江、黃河只是一個譬喻。不過《易經》和《書經》就像長江、黃河的歸宿點一樣，都有一個共同的本質，就是生生不已的特色。《易經》在孔子和弟子們的〈繫辭傳〉中，便吹出了中國哲學文化的第一聲號角，「天地之大德曰生」，而《書經》也一再強調「利用厚生」。所以在這個生生不已上，正是中國哲學的共同或唯一的本質。在中國哲學上，對於一個學派，或一位哲人，要判斷他們的思想的深切與否，就要看他們對人的本質的了解如何。要判斷他們思想是否有影響力，就要看他們是否能使這個「生」發揮廣大的作用。所以這個「生」實在是中國哲學最重要的元素。

3. 生命之樂的共享

由於中國哲學對「生」的強調，使得中國人自古以來，就學會對生命之樂的共享的天賦本領。我這句簡單話裡，有好幾個重點必須分開來強調：一是學會，二是生命之樂，三是共享，四是天賦，五是本領。

所謂「生命之樂」，這是中國人對生命的肯定。究竟生命是苦是樂，這本是見仁見智的看法。如印度人都以生命為苦，而有佛教的苦觀。中國人都以生命為樂，即使有些詩人，大唱悲歌，但他們只是歎生命太短，「為歡幾何」，他們愈歎愈見生命之樂的可愛，所以才有道教要想長生不老。當然持平而論，生命有苦亦有樂，端賴我們如何領受，所以我說「學會」。這種對苦樂相參的生命，能取樂離苦，或對苦欣然的接受而變為樂，也是一種需要學而得到的。這裡我強調「學會」是指中國人的這種看法是從小的教育中，父母對生活的傳授，處處都教育小孩重視生命之樂。「好死不如賴活」便是明證。「學會」不是只指對個人的生活快樂，而是認為這種快樂是共享的，所謂「獨樂樂，不如與眾樂樂」。中國人自古便知道生命的共同體。父母以子女的生命為樂，子女也同樣以父母之生命為樂。不僅父母子女之間的天爵，而且人與人、人與物之間，也是「民胞物與」的生命之樂的共享。既然這是「學會」的，為什麼接著我又說「天賦」呢？「天賦」的最直截意義是天生的，天生雖然是本能，要發展這種本能還須靠「學」。說話是人的天賦本能，可是還是要學，才能把話說得對、說得好。然而在這裡，我說的「天賦」，卻有另一層意義，因為所謂「天」含有自然環境的意義。我曾比較印度人和中國人為什麼對生命苦樂的感受不同，我曾列了十二點原因，八、九點都是指自然環境的不同，如氣候、物產、自然災害，甚至政治體制等。這些都是天賦給中國人對生命之樂的感應。最後我說「本領」，特別強調這兩字是指中國人學會處世的一種本領，使我們即使在苦中也能作樂。譬如生命有「生、老、病、死」之苦，釋迦牟尼便因此而出家。中國人對付這四者，實有一套特殊的工夫，如「生」是指生育之苦，古代醫藥不發達，這種苦可能還會致命。可是中國人為了延續後代都不以此為苦，臺灣有一位婦女生了九胎都是女的，她還要再接再厲，第十胎生了男孩，顯然她不以「生」為苦。記得我十一歲那年夏天從溫州到青田鄉下公公家玩，某天晚上聽到隔壁殺豬之聲，那豬的叫聲悽慘得如今猶在耳際。過了兩天，我回到溫州，在路過青田縣府的親戚家借宿，當晚又聽到悽慘之聲，這次卻是個女的，我被吵醒便問親戚：「誰在哭？」「我的媳婦。」「她痛得要死，好可憐，應該要送她去醫院。」我的親戚馬上說：「呸！呸！童言無忌。她很高興，她要生孩子，要為我家添個孫子。」可見在中國人眼裡，生是快樂的。那麼「老」呢？當然不快樂，可是中國人彌補了對「老」的缺憾。薑是老的辣，我們古代尊老，所以老人仍然得到老的尊榮和權威，我們喜歡尊稱別人為老，對方也欣然接受。今天我們還是以「老」稱兄稱弟呢！那麼「病」呢，總沒有人認為快樂吧！的確，病是痛苦的，但中國人對「病」的態度，一是淡化處理，一是正面應付。所謂淡化處理，是指中國古代把病看作和自然的不協調，及陰陽二氣的不和，就以中醫寶典的《黃帝內經》來說，把病看作外面陰寒的入侵，內面邪心的作祟，這樣就淡化了病本身的可怕。同時我們都每天在預防「病」的入侵，所謂「病」從口入，所以中國人注重飲食防病，夏天清淡，冬天進補。孔子也會教人食不言，寢不語，這些都是我們正面對付疾病，而不把疾病看作前世業障，揮之不去。再說「死」吧，總該是最大的痛苦吧！前面我們已論過莊子是如何以達觀的心情來對付死，後代道教更以積極的方法來克服死，顯然不成功，但壯志可酬。至於儒家更慎終追遠，把「死」看得很重要，很風光呢！什麼「死得其所」、「死有重於泰山」，都是把「死」當作價值來衡量。再想想「死」後有兒孫不時的祭祀，有時候，「死」也能微笑的瞑目了。在臺灣還有人為了死，讓兒孫先演習葬禮。更有子女在葬禮上請脫衣舞團表演來娛樂已死的父親，這也許是中國人對死的一種自娛吧！

另外中國人有一種本領，變成了一種處世的智慧，或生活的藝術，就是俗世的中庸，或稱老二哲學，因為生命中有苦有樂，這種苦樂隨著欲望向極端發展，欲望愈大，苦樂的感受愈大。但這種因欲望而提高的苦樂是以欲望為本質，所以苦樂都變質為一種欲望。中國哲學，與中國人心都強調知足，都盡量減低欲望的追求，使他們的苦樂不致奠基於欲望上，他們易於滿足，而得到恬淡的心安之樂，因此也相對的減少了因欲望而強化的痛苦。清朝李密庵寫的一首〈半半歌〉，便寫出了這種心理，如：

看破浮生半百，半生受用無邊；半殘歲月盡悠閒，半裡乾坤開展。
半郭半鄉村舍，半山半水田園；半耕半讀半寒廛，半士半民姻眷。
半雅半粗器具，半華半實庭軒；衾裳半素半輕鮮，肴饌半豐半儉。
童僕半能半拙，妻兒半樸半賢；心情半佛半神仙，姓字半藏半顯。
一半還之天地，一半讓將人間；半思後代與桑田，半想閻王怎見。
飲酒半酣正好，花開半時偏妍；帆張半扇免翻顛，馬放半韁穩便。
半少卻饒滋味，半多反厭糾纏；自來苦樂半相參，會占便宜祇半。

由於中國人的這種生活藝術的智慧，所以使中國人在苦樂摻半的生命裡享受到更多的快樂。

(二)生命的無限

《易經》的最後一卦是未濟，未濟的哲學意思是指宇宙人生的變化是沒有休止的，天地是無限的存在，萬物是無限的變化。雖然花開有花謝，但花開花謝是無限的。這是說萬物都是一個接著一個的發展，它們不能自知。只有人才能有此意識，意識到自己的生滅，也意識到萬物中每個個體的生滅。但人既然有此心能知道生滅，同樣的，他們也能憑此心去化解生滅的問題，我們曾談過莊子和禪的思想方法，在這裡，我們談談儒家，或整個中國哲學的方法：

1. 生命的充實

人的生命就軀體來界限，由生到死，最高來說能活一百年。但人的百年和動植物的生命不同，儘管有的植物，如神木可以活到千年，有的動物如海龜可以活到百年以上，有的昆蟲如蟋蟀之類活不過冬。然而它們的生命無論長短，只是存在。它們的價值就決定於它們的存在。它們不能自己增加價值，或創造意義。可是人卻不然，每個人都活在這百年之內，然而這百年的生命卻人人不同。我們有意識、有知識、有智慧，可以使百年之內的生命往上無限的發展、無限的提昇。

俗語說「蓋棺論定」，可見我們在沒有死亡之前有很多的時間、很多的機會可以充實我們的人生。所以中國人喜歡說「做人」兩字。宇宙氣化，或上帝天道，只給我們形體，只給我們這個人的空架子，只給我們由生到死這段起點和終點，要如何去完成我們為人的內容，還須我們自己去努力。

孔子首先提出一個「仁」字作為做人的標準。在孔子《論語》中，對於這個「仁」字說了五十八章，卻沒有一個確切的定義，因為在孔子眼中，這些德行都是行「仁」。「仁」沒有一個固定的定義。後來《中庸》和《孟子》中，對「仁」有較具體的界定說「仁者，人也」，也就是說「仁」是成人之道。關於成人之道，孔子有兩段話：

子路問成人。子曰：「若臧武仲之知，公綽之不欲，卞莊子之勇，冉求之藝，文之以禮樂，亦可以為成人矣！」曰：「今之成人者，何必然？見利思義，見危授命，久要不忘平生之言，亦可為成人矣！」（〈憲問〉）

顏淵問於仲尼曰：「成人之行何若？」子曰：「成人之行達乎情性之理，通乎物類之變，知幽明之故，睹遊氣之源，若此而可謂成人……既知天道，行躬以仁義，飭躬以禮樂。夫仁義禮樂成人之行也，窮神知化德之盛也。」（《說苑・辨物》）

這兩段話一見之於《論語》，一見之於《說苑》；一是答子路，一是答顏回。雖然境界不同，前者的成人是就生活日用的德來說，後者是高及天地之道，幽明之知。然而在這裡我們可以看出「成人」的一個進向，就是由淺近的日常生活，向上提昇到和天地同化。所以一句話，就是向上無限的提昇。

孔子《論語》還有替仁或成人說了兩句較根本，可視為定義的話：「仁者，己欲立而立人，己欲達而達人。」「己欲立」、「己欲達」，是成己，而「立人」、「達人」卻是成物。所以真正的成人，包括了成己和成物。如《中庸》所謂：「誠者，非自成己而已矣，所以成物。」由這裡可以看出我們對生命的充實，一方面是成己，是修德業，把自己向上提昇；一方面是兼愛和兼用於人或物，使自己的功德又無限的擴展，如下圖：

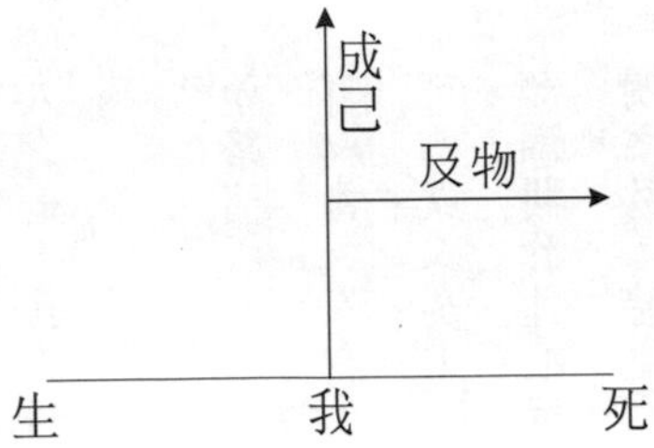

這種生命才是真正的豐滿的生命。

2. 生命的延續

在莊子和中國禪方面，我們強調生命的無限是由真心，或自性的體證而心普萬物，性滿乾坤，這是通過精神的修鍊，也許對一般人來說過分高超，或帶有神秘的色彩，不是一般人所能企及。

在這裡，我們落實下來，就儒家及一般中國文化來論，我們把生命的無限，轉變為生命的延續，而以軀體的生命的本身來衝破生命的界限。這就是古代中國人強調的子孫繼承。

在人類歷史上，我認為在人文科學方面，有兩個最偉大的發明，一個是印度佛教所提出的三世輪迴的學理，打破了這一世生命的界限，而通乎過去和來生。雖然它是宗教，不是科學，而我以人文科學稱之，因為它的影響有如科學般深切，直到今天，仍然為人所相信，而發揮了實際的功效，這方面由於不是中國哲學，所以我們暫時不談。

另一個就是中國古聖先賢所強調的子孫血脈的繼承。這種繼承是生命的延續，我稱之為人文科學，事實上生命的遺傳，根本是一種科學。中國古代早就懂得優生之學。只可惜那「門當戶對」的道理掩蓋在封建的體制下，僵化了，反而失去它的真正意義。

我們研究中國哲學文化，將會發現中國人對宗教的需求不如西方人士，主要原因就是中國這段子孫繼承的思想和制度代替了中國人對宗教的需求。因為世界所有宗教都有一個最根本的問題，就是解決人們對死亡的恐懼。因多半人信仰某一宗教，主要還是由於這一宗教減輕了他們對死亡的恐懼，因為我們死了之後，有子孫繼承正可以化解了人們對死亡的恐懼，因為我們死了之後，有子孫繼承了血脈，有子孫繼承了遺志，而每年子孫們的祭祀，還請我們享受豐富的佳餚，祭死如生，使我們仍然能洋洋乎如在其上。他們有了問題，還把我們視作神明，請我們保佑。每個人在他們自己子孫來講，都是神明。我們就這樣很輕鬆的做了神明，哪有這樣既簡易、又實際，又有實效的宗教。

中國這種子孫繼承的思想，表現成宗教形式的，就是對祖先的祭祀，表現在哲學思想上，便是孝道的倫理表現，在政治社會上的便是禮的制度。而這三者，以祖先的祭祀為源頭、為根本。不過在夏朝之前，都是祭天、祭三皇、五帝。因為天給我們生命，所以祭天。三皇、五帝給我們生活所需，所以祭他們，這是祭他們的功業。這種精神特色一直延續到今天，我們所謂「立德、立言、立功」的三不朽，所以歷史上有功業的人都變作了神，如夏禹、孔明、媽祖，甚至孔子。

可是要有「立德、立言、立功」的三不朽，又談何容易，這不是人人所能做到的，於是從夏朝開始又增加了另一特色，就是對自己親祖的祭祀，如夏禹的祭鯀。我們都知道鯀治水九年無功，反而築堤潰決，傷了更多的生靈，因而被處死刑。鯀無功業可言，可是卻受祭祀，這是因為他生了一個能幹的兒子，完成了他的遺志，自此以後在祭祀中除了功德之外，又多了一個子孫血統的祭禮，使得只要有子孫的人都可生命不朽，成為家族的神靈。

然而在美國教課，我遇到了一個難題。在《易經》課中我講「一陰一陽之謂道，繼之善也，成之者性也」。說明陰陽和合才能生萬物，「天地之大德曰生」，人唯有輔天地的生生，才盡了做人在天地間的任務。在課程結束後，我讀到一位女學生的報告，洋洋灑灑寫出了易理生生的功用。最後她話題一轉，坦白承認她是同性戀，問我，她違反了《易經》陰陽和合的生生之德，怎麼辦？我在美國二十多年，雖然處在單純的教育組織，但周圍的同事、學生有太多同性戀者，而他們除了同性戀這一點外，無論人格操守、德性及和人相處的真誠都沒有任何顯著的缺點，我們還能苛求他們什麼？對於女學生的問題，我知道她是小學教師，對藝術有專長，於是我便在她的報告上批了一大段話。我的意思是，她是先天的同性戀者，這也是無可奈何的事。不過《易經》的陰陽和合而生，不只是指男女相合的生育子女。還有更深更廣的意義，就是維繫天地精神於不墜，也就是發展精神，所謂生命的意義在創造繼起的生命。妳喜歡藝術，可以在藝術方面創造繼起的生命，妳從事教育，可以好好培養下一代，讓他們一個接一個的創造繼起的生命。

我舉這個例子，說這番話，乃是為了說明「生命的延續」，除了這肉體生命的延續，還有精神文化各方面的開創與發展，使我們了解生命的豐富與偉大，又豈是區區百年所能限止。

(三)人間天堂與人間佛教

此處的小標題正對應了本文的大標題。莊子〈逍遙遊〉於人間的天堂，中國禪宗也是人間佛教。同時儒家由倫理所安頓的大同社會，及基督教在世間所宣講的是人間的天堂。而今天的佛教，尤其佛光山佛學院所強調的是人間佛教。所以此處標題可看作本文的一個結尾。

中國人的心理，天堂當然是最快樂的地方，但他們卻喜歡把天堂搬到人間。如果把天上的天堂和人間的天堂比起來，他們寧願在人間，而不願上天堂。我們看夫婦相愛都說願來世再作夫妻，卻沒有人說我們來世上天堂作金童、玉女。想想那牛郎、織女，每年七夕才能匆匆會一次面，那簡直是沒有神權的苦刑麼！所以我們「只羨鴛鴦不羨仙」了。

莊子的思想是先從下向上，把精神提昇到高峰，與天地精神往來，然後再回到人間與世俗相處。所以他的〈逍遙遊〉真正是在人間逍遙。雖然人間並不是天堂，而且在《莊子》也描寫了不少勾心鬥角、貪得無厭、凶殘暴力的污穢骯髒的場面。但真正的〈逍遙遊〉卻如庖丁的刀鋒，順天理，入空隙，改變了整個事實，美化了整個世界，如莊子夢蝴蝶一樣，栩栩而舞，自在逍遙。

禪宗受中國哲學的陶冶，受中國文化的孕育，他們證心是證中國心，尤其和莊子的心遙遙相印。他們也在這個娑婆世界中，作逍遙之遊。他們把莊子的真心變為自性，把莊子的真人變成無位真人，把莊子的「是非兩忘而化其道」，改為「憎愛不關心，長伸兩腳臥」，他們把莊子「藏天下於天下，而不得所遯」，改為「佛法在世間，不離世間覺，離世覓菩提，恰如求兔角」。他們更呼應莊子的逍遙人間，而說：「菩提只向心覓，何勞向外求玄，聽說以此修行，天堂只在目前。」難怪西方的學者認錯人，以為他們是穿著袈裟的莊子。

由於莊子和禪宗的印心，使中國心進入印度佛學的空觀中，使原始佛教的無常轉成真常，無我化為真我，涅槃得到生命。於是煩惱就是菩提，人間就是淨土。這一轉化，就由印度佛教、中國佛教，而走向了人間佛教。

在近代，最早提出人生佛教的是抗日期間的太虛法師，主張「人成即佛成」，接著臺灣的印順法師提出人間佛教，強調非「鬼化」，也非「天化」的人間佛教。另外臺灣佛光山的推行人間佛教，星雲法師更以寫生活小品的方式，談人生、談往事，談「愛」、談「情」、談「義」。

就這一發展來看，今天人間佛教的真正任務，是幫助眾生了解生命的意義，以充實生命的內容。至於如何充實生命，我曾介紹過莊、禪和儒家的思想，現在針對今天佛學面對新的人間，我期望新人間佛學的建立，應注意四方面，即情、理、性和心。要知道對情，如何應付；對理，如何抉擇；對性，如何體證；對心，如何把握。在這裡我更具體的說，新人間佛教，注重活活潑潑的生命，實實在在的人間。因此，對情，要止於至情；對理，要講求合理；對性，要本於人性；對心，要發乎真心。能把握這四點，而止於至善，才是真正二十一世紀的人間佛教與佛學。

從生命的轉化看中國人間佛教的開展

一、何謂生命的轉化

「生命的轉化」就是要轉有限的生命為無限、軀體的生命為精神，而主導這個轉化作用的就是我們的心。關於如何用這個心去作生命的轉化，古來的聖哲們都有他們不同的理論和工夫，本文將會介紹佛陀和中國哲人們在這方面的思想。在這裡僅先提出幾點有關生命轉化的共同特色：

1. 把握心的主導性

筆者曾把心分為四個層次（見第一篇〈生命的心心相印〉），最下面的兩個層次——心臟和意識心都受血氣的影響，因此容易為物欲所染，所以哲人們都把這個心的拘於物，作負面來看。第三個層次的心知如能擺脫物欲，而往上提昇，便上通於神，這第四個境界的心神，也被稱為性。這是把「心」當作正面來看。所以同為一個心，可正可負，全在我們是否能把握住心的主導性。這個心的由下而上，就是心的轉化作用。

2. 正視生命的意義

生命轉化的第一個前提就是確認生命的意義。如果生命像斷滅論者或機械論者的看法，毫無意義的話，哪裡還有生命轉化的工夫？一般來說，生命至少有兩個層次，一是肉體的生命，一是精神的生命。就肉體的生命來說，非常具體而單純，它本身不能自具意義，它的意義是被賦予的，一是來自於天，所謂天生萬物必有其用；一是來自於自己精神的生命。因為精神的生命比較超越而複雜，包括了德性、智慧、情感等，這些精神生命的熱力，豐富了肉體的生命。所以我們肉體的生命，因精神生命的賦予，而有特殊的意義。這種賦予，就是生命轉化的作用。

3. 奠基於人間的生活

生命的轉化是向上的提昇，而向上提昇時也必須在下面有所依託，才有著力處。就像我們要向上躍，必須先向下踩。生命不是一個空虛的概念，也不是一個空洞的間架，而是具有豐富內容的無限活動體。它的內容就是人間的生活。當然每個人都有自己特殊的生活，而且都可以選擇自己要過的生活。然而無論如何，他們生活的一切，就是他們整個生命的代表。這並不是說俗世的人在紅塵中打滾，嚐盡人間酸甜苦辣，就比哲學家、宗教家的平淡生活來得多彩多姿、轟轟烈烈。相反的，哲學家和宗教家們關懷眾生，救世救人，他們的生命中包含了所有人間的生活，他們是「有終身之憂，無一朝之患」（《孟子・離婁下》）。終身之憂是憂天下，一朝之患是患自己。他們飲盡人間的悲哀，吐出來的是一片慈心。《維摩詰經》中描寫如來佛顯現在人間的污穢的土地上，一踩腳，污穢的世間立刻變成佛國淨土。

其實佛國的淨土就在污穢的世間中，這一踩腳，就是生命的轉化，所以生命的轉化不能離開人間的生活。

4.轉化是一種生命的突破

生命的轉化有兩個層次：一是平面的，就是形骸之間的突破，也就是不把生命局限在自己的形軀內，而能突破人與人，及人與物的間隔。譬如儒家所謂「民胞物與」的情懷，和佛家所指「大慈大悲」的無量心。這不只是一般人所說的那種微弱的同情心、憐憫心，而是一個生命進入另一個生命中的那種深切的同體共鳴的感覺，這是人我和物的生命的一種突破。另一個是垂直的，就是向上的突破。也就是不使自己的生命，局限於自己的小知小識或過去的經驗，而能向上開放，無限的提昇。譬如儒家所謂的「下學而上達」的工夫，佛家所謂「轉識成智」的修持。這是使我們的生命由轉變，而達到大化的境界。

二、佛陀對生命轉化的實證

(一)佛陀的生命轉化的歷程

在佛教史上，佛陀有兩位。一位是歷史上的佛陀，即在印度誕生於迦毘羅衛國，曾為王子的釋迦牟尼，出家證道後，傳教四十五年，成為佛教的創始人。另一位是宗教經典上的佛陀，即釋迦牟尼入涅槃後，成了佛，走進了宗教的領域。於是講法四十五年的釋迦牟尼，只是在無窮無盡的世界中，佛的一段因緣現世而已。過去有燃燈佛，未來有彌勒佛，還有佛經中無數的「佛陀」、「世尊」，以及《華嚴經》中那無數微塵中的億萬佛。總之，這位佛陀乃是神化了的釋迦牟尼。本文雖然尊稱釋迦牟尼為佛陀，但避免宗教上的神化描寫，直接從佛陀的歷史事跡，作哲學的分析。

本文論生命的轉化，而佛陀的真實生活正好是生命轉化最佳的說明。

佛陀貴為王子，就世俗的眼光來看，他享受人間的榮華富貴，毫無遺憾。可是他卻視權位如敝屣、富貴如浮雲，而堅持要出家苦修。這一大轉變，在外面來看，已是驚世駭俗，可是在佛陀的內心，那種掙扎與煎熬的情感可能比我們想像的還要驚心動魄。這一大轉變，雖然與他個人的智慧、性向有關，但導火線卻是在他遊城時，看到人民生老病死的痛苦，因而產生出世以求解脫的念頭。我們研究這一現象對他發生如此大的衝擊，可能有以下的三個原因：

1.他生活在宮廷內，錦衣玉食，無憂無慮，可是民間生活的痛苦，卻與他的生活形成了非常強烈的對比，突然之間，使他難以接受。

2.人類的生老病死，沒有一個時代沒有，沒有一個人生沒有，直到今天，我們仍然無法擺脫這種規律。可是我們可以想像得到佛陀生活的當時，印度有四種姓的歧視，社會的貧窮，所以他看到的，是生的悽慘、老的可怕、病的痛苦、死的恐懼。

3.佛陀有非常敏銳的觸覺，能對一般人所視為當然之事，有極深度的感應，有極強烈的反思，而產生了一種悲天憫人的情懷。

由以上三點，使佛陀的生平中產生了第一個大轉變。這個轉變是由於他突破了人與人之間的隔閡，使他把自己的生命融入了人民生老病死的痛苦中，而產生了極大的動力，使他對自己的生命作一逆轉，由富貴的宮廷，轉入苦修的山林生活。如辟穀、瑜伽等，這是他對生命的痛苦，有意的下了一劑猛藥。

佛陀出家那年，據說是二十九歲。他先拜訪兩位修習仙道的老師學習禪定，接著更進入深山中苦修，整整六年，使他骨瘦如柴，體力無法支持，幾乎瀕於死亡。幸虧一位牧羊女用乳糜救了他，使他恢復了體力。後來走到恆河中游南岸的鬱毘羅村的一棵菩提樹下禪思靜想，豁然而悟，在這時，他證了道。

這六年的苦修，對佛陀的生命來說，是一大轉變。雖然在史書的記載中，對他這段生活付之闕如。而在以後編輯的許多佛經中，由於都描寫他證悟之後的思想，因此把他這段修行當作負面的經驗而捨棄不談。事實上，佛陀這段被人們忽略的生活，在他的生命中，並不像禪定那樣平靜，也不能用苦行兩字便可概括；而是在他心中思潮起伏，波濤不已。結束這段苦修生活的是在菩提樹下的悟道，因這六年的苦修和菩提樹下的悟道有密切的因果關係。這個關係可由正反兩方面來看。反面的看法也許認為佛陀的這一悟，是悟出了這種苦修方法的錯誤，而找出了新的解脫之道。相反的，正面的看法是認為在這段期間，他一直在苦行中禪思，菩提樹下的悟道，是他禪思的成熟，達到最高的境界。至於根據早期的一些經書的記載，佛陀悟道的內容，大致可分兩種：一是他在菩提樹下，順逆的思索十二因緣的循環，也就是說他悟出和建立了十二因緣的道理（《律藏大品》、《聖求經》等）；一是在菩提樹下的禪定，從四禪悟出了四聖諦的智慧（《中部經論》、《怖駭經》、《雙考經》等）（見佐佐木教悟等著《印度佛教史概說》）。

綜合以上所說，無論是反面看法、正面看法，或經典所載，我們可以推斷從這六年的苦修，到菩提樹下的悟道，這在佛陀的生命歷程中，又是一大轉變。這一轉變與六年的苦修，無論是直接或間接都有極大的關係。因為生活像一條流水，其中每一段都是往同一方向流去，都有推波助瀾之功。黃蘗希運禪師有詩說：「塵勞迥脫事非常，緊把繩頭做一場；若非一番寒徹骨，怎得梅花撲鼻香。」佛陀六年的苦修生活，豈不正是「一番寒徹骨」嗎？我們試想，佛陀自二十九歲到三十五歲，正是生命的黃金時代，是最富有活力、最富有衝勁，也最富有思考能力的時候，他卻從一位要什麼有什麼的王子，到一位什麼都沒有，而且連維持生命最起碼的物質都困難的苦行者，這是一個多麼大的突破！用前面提出生命轉化的兩個層次來分析，這是生命平面的突破，就是打破形軀的間隔，從王子到苦行者的突破。以前佛陀遊城時看到生老病死的痛苦，因而出家，可是他現在捨棄了一切外在的物質，可說一無所求，但生老病死的痛苦依舊，現在他唯一能做的就是對生命本身的反省思考。即使在禪定時，他要一無所思。可是在出定後，他開眼所見，順耳所聽，無論是花開花落、蟲鳴鳥啼，都是生命的事實。他逃得了物質的拖累，仍然脫不了生命的衝擊。直到他在菩提樹下的悟道，雖然我們無法得知他在這一段時日，悟的是什麼，但試著去推求，至少有三個方面：一是他這時對生命有了新的體證、新的詮釋。二是他已悟到了掌握生命變化之道。因為後人都描寫他這時是悟道、證道或成道，所以這個「道」乃是他這時參悟的要點。三是這時他的生命必然有一個新的轉變。如用生命轉化的兩個層次來看，這時他的生命是向上的突破，就是突破自我的知識、經驗的封閉。以前他從王子轉到苦行者，仍然是屬於自己的不同生活，所求的也是自我的解脫。而這時他突破了自我的生命，而進入了大我的生命、宇宙的生命，這是生命的向上提昇。

這一生命的轉變，很顯然的，使佛陀由個人的苦修，又回到了痛苦的人間，去面對生老病死。現在，他得到了解脫生命痛苦的鑰匙，他自己不會再像從前一樣有生命苦短的感覺。他要把所得到的方法，去拯救流轉於痛苦的眾生，這就是他悟的道、證的道、成的道。

這是佛陀生命的兩大轉變，自此以後，他宣揚他的思想，教導眾生。他成立僧團，共同修持。他用所悟的道，去幫助更多的人。所謂「轉化」的化，不僅自化，尤在於能點化別人。所以他也從釋迦牟尼轉化成了佛陀。如果我們不以神跡的眼光來看「佛」字，那麼他的成道，就是成佛。

(二)佛陀的言教與思想

佛陀悟道後，便開始傳法救人。最先他傳法的對象乃是在深林中曾和他共修的五位苦行者，地點是鹿野苑。這便是他四十五年傳法生涯中最初成立的教團。據史家的考證，佛陀的教化活動，除了最初的幾個月，和最後的幾個月外，都不可考。至於他教化的區域，就後期經書裡面的記載，關係較多的是鹿野苑、舍衛城、王舍城、昆舍離等地，範圍不出恆河中游南部地區。

在佛陀四十五年傳法中，他的教言都是口傳的。當他涅槃後，才有結集，而編訂成經律論的三藏。經藏被認為是佛陀親自說法的資料。最早期的幾部經書，就是《雜阿含經》、《中阿含經》、《長阿含經》和《增一阿含經》等。從這些經書的內容中，可以概括佛陀主要的言教不出三法印、四聖諦、十二因緣，和八正道等。這些思想不是互不相關的理論，也不是概念性的知識，而是在佛陀生命的熔爐中提鍊出來的，是一個整體的智慧。在佛陀六年的苦修期間，時時都有體驗，只是等他悟道後，融成一體而已。而且在他以後四十五年的傳法中，更不斷的深思，不斷的體驗，使這些思想有更多、更廣的生活基礎、人生經驗。現在我們把它們綜合起來分析如下：

1. 生命的無常與無我

所謂生命的無常與無我，就是「三法印」中的「諸行無常，諸法無我」。我們觀看外在的物體，發現一切都在遷流變化之中，如《雜阿含經》上說：

> 如無常、如是過去無常、未來無常、現在無常、過去未來無常、過去現在無常、未來現在無常、過去未來現在無常八經。

這裡說無常都與時間有關。也就是說因時間的變化而有無常的現象。我們再看外物的本質，都沒有實存的體性，如《雜阿含經》上說：

諸所有受，若過去、若未來、若現在、若內、若外、若粗、若細、若好、若醜、若遠、若近。比丘，諦觀思惟分別。諦觀思惟分別時：無所有、無牢、無實、無有堅固、如病、如癰、如刺、如殺、無常、苦、空、非我。所以者何，以受無堅實故。

這是指每事每物都沒有固定的本質。「無常」和「無我」是佛陀對外物存在與變化的觀察與分析，這在他六年苦修過程中早已有的經驗和認識。

2. 人生的痛苦與悲哀

生命的無常與無我，本是自然界的現象，即客觀的事實。花開花落，花兒沒有感覺，並不知道痛苦。物生物滅，一般動物雖有感覺，但對於病死僅有短暫的痛苦，而沒有長期的恐懼。可是人卻不然，他們不僅對「生、老、病、死」的肉體的遭遇有痛苦的敏銳感覺，而且對人生許多不如意的無常變化，更有長期不安的感受。如佛家所謂八苦，除了「生老病死」外，其餘四者：「愛別離、怨憎會、求不得、諸蘊熾盛」。這些也都是人生所不可避免的。所以這些痛苦本是人生的事實。如果我們能夠勇敢的面對它們，了解它們，也許可以盡量減少和減低製造這些痛苦的原因和程度。可是人們非但不去消除這些痛苦的原因，反而因無知和欲望，增多了不必要的痛苦，甚至加深了痛苦的程度，這就是人類的悲哀。

3.痛苦與悲哀的製造者

「苦」是「四聖諦」中的第一諦。第二諦是「集」。「集」是生起、聚集的意思，也就是「苦」的原因，或製造者。有關佛陀在菩提樹下悟的道，有的說是四聖諦，有的說是十二因緣。這兩說並不衝突，因為佛陀的悟道，必然是悟出人生一切痛苦悲哀的原因，提出一套解決的方法，而他自己也能如實的得到解脫。

由這點來說，「四聖諦」的「集」正是十二因緣的緣起法。在《雜阿含經》中，佛陀明白的說出他悟道時，對十二因緣的思考：

爾時，世尊告諸比丘：「我憶宿命未成正覺時，獨一靜處，專精禪思，作是念：何法有故老死有？何法緣故老死有？即正思惟，生如實無間等：生有故老死有，生緣故老死有，如是有、取、愛、受、觸、六入處、名色。何法有故名色有？何法緣故名色有？即正思惟，如實無間等生：識有故名色有，識緣故名色有。我作是思惟時，齊識而還不能過彼，謂緣識名色，緣名色六入處，緣六入處觸，緣觸受，緣受愛，緣愛取，緣取有，緣有生，緣生老、病、死、憂、悲、惱苦，如是如是純大苦聚集。

這是佛陀第一步的思惟，得出了由識，而名色、六入處、觸、受、愛、取、有、生、老死等十個因緣。這是以「識」為一切痛苦煩惱緣生的起點。接著佛陀又進一步思惟而說：

> 我時作是念：何法無故老死無？何法滅故老死滅？即正思惟，生如實無間等：生無故老死無，生滅故老死滅。如是生、有、取、愛、受、觸、六入處、名色、識、行廣說。

這是從如何消除老死著手，依次推衍，而在識上，又多了個「行」，「行」又是識緣起的動能。接著佛陀又進一步思惟而說：

> 我復作是思惟：何法無故行無？何法滅故行滅？即正思惟如實無間等：無明無故行無，無明滅故行滅。行滅故識滅，識滅故名色滅，名色滅故六入處滅，六入處滅故觸滅，觸滅故受滅，受滅故愛滅，愛滅故取滅，取滅故有滅，有滅故生滅，生滅故老、病、死、憂、悲、惱苦滅。如是如是純大苦聚滅。

這段話中，又在行上，找出了最後的主導者，就是無明。什麼是無明？佛陀解釋說：

云何義說，謂緣無明行者，彼云何無明？若不知前際，不知後際，不知前後際，不知於內，不知於外，不知內外，不知業，不知報，不知業報，不知佛，不知法，不知僧，不知苦，不知集，不知滅，不知道，不知因，不知因所起法，不知善不善，有罪無罪，習不習，若劣，若勝，染污，清淨，分別緣起，皆悉不知；於六觸入處，不如實覺知；於彼彼不知，不見，無無間等，痴闇、無明、大冥，是名無明。

從這段話裡，總結「無明」就是「不知」。不知四聖諦、不知十二因緣、不知痛苦的原因，也不知如何去解脫痛苦。這裡的「無明」，與不知不覺的「不知」是不同的，因為這個「無明」的不知，由於它的愚昧，反而助長了欲望的產生，推動了妄識的緣起。

這個「無明」在十二因緣的鏈環上，好像是十二因緣的首端，由它而生行，行就是業。因此有的人把十二因緣劃成三世二重因果來看。其實這個無明貫串了其他十一個因緣，由無明起行，而起妄識，由無明而妄著名色，由無明而妄用六入，由無明而妄觸、妄受、妄愛、妄取、妄有，而妄執生，妄執老死。總之，不待前世之業，此時此刻，一念無明，便把我們由妄想妄執，而引入痛苦悲哀。本來，由無明而生行，起識，以至老死，是我們軀體生命的必然因果和痛苦，可是一念無明，隨時隨地所產生的妄識，則是在我們的生活上、心理上所產生的悲哀與煩惱。

4. 消除痛苦與悲哀的方法

「四聖諦」中的「滅」諦就是消除痛苦和悲哀的方法，這也是「三法印」中的「涅槃寂靜」。這個「滅」字按巴利文的原義，為滅除眾苦煩惱的清涼境界，也即「涅槃」的異名。而「涅槃」的本義也是滅，或吹滅的意思。

「滅」個什麼？如果一切痛苦悲哀的製造者是無明的話，那麼當然就是滅這個無明。然而「無明」是不知，是闇昧，它本身是黑暗，要如何滅法？如果由無明而行，而識，而有身心，而有生，有老死的話，這是生命的現象，我們滅了無明，豈非斷滅了生命？所以「滅」無明的意思，不是對生命的熄滅。事實上，「無明」乃是一片烏雲，它遮蓋了我們的智慧，使我們在黑暗中，產生了錯覺，產生了欲望、妄想。所謂「滅」就是吹走這片烏雲，熄滅了欲望、妄想。所謂「涅槃」正是一面吹掉烏雲，一面在消除欲望後而得到的安靜清涼的境界。試看佛陀在《雜阿含經》中對涅槃兩字的描繪：

> 今聞法已，心生憂苦、悔恨、朦沒、障礙。所以者何？此甚深處，所謂緣起，倍復甚深難見，所謂一切取離、愛盡、無欲、寂滅、涅槃；如此二法，謂有為、無為。有為者，若生、若住、若異、若滅。無為者不生、不住、不異、不滅，是名比丘諸行苦寂滅涅槃。

可見「涅槃」作為方法來說，就是吹開無明，吹熄一切的欲望、妄想。這並不是說，我們到了最後才能達到「涅槃」的境地，而是強調我們在生活上，隨時隨地都要用「滅」的方法，都要下「涅槃」的工夫。

5. 生命的正道與轉化

「四聖諦」中的「道」諦是在「滅」諦之後，可見「滅」不是最後的目的，否則便易流於斷滅。「道」在「滅」後，說明了在熄滅欲望、妄想之後，還有更積極的正道，即是所謂的「八正道」，即「正見、正思惟、正語、正業、正命、正精進、正念、正定」。就這八正道來看，都是生活上的實際修養，都是切切實實以生命為主體的工夫。關於佛陀對八正道的看法，我們只舉其中之一的「正見」來作例子，《雜阿含經》上說：

> 何等為正見？謂正見有二種。有正見，是世、俗、有漏、有取，轉向善趣；有正見，是聖、出世間、無漏、無取、正盡苦，轉向苦邊。何等為正見有漏、有取、向於善趣？若彼見有施、有說……乃至知世界有阿羅漢，不受後有，是名世間正見，世俗、有漏、有取、向於善趣。何等為正見是聖、出世間、無漏、不取、正盡苦，轉向苦邊？謂聖弟子苦苦思惟，無漏思惟相應，於法選擇、分別推求，覺知黠慧、開覺觀察，是名正見是聖、出世間、無漏、不取、正盡苦，轉向苦邊。

佛陀接著描寫其他七正道，都是以同樣的方式，把正思惟、正語、正業、正命、正精進、正念、正定等各分為兩種。一是世俗的，是求世俗眼光中的好或善；一是出世間的，是在苦上去思惟，而轉苦為聖道。

在這裡可以看出，佛陀一面不廢世間法，認為世俗的追求，本來也是為了達到善的，如果能用合理的方法，也無可厚非。只是不夠究竟，到頭來，仍不免落空，或有煩惱的苦果。而另一面他強調出世間法的聖道，但這聖道並非離開人間道，所以他一再強調轉向苦邊，從人生的痛苦處思惟、體驗，使苦諦成為我們生命向上提昇的動力。這種「轉向苦邊」，也就是生命的一種轉化工夫。

三、中國哲學對生命轉化的工夫

中國哲學是生命的哲學，這與西方的生命哲學只研究生命的觀念、意識不同。中國生命哲學是一種實證與實踐的工夫，是把自己的生命由物質的層面轉化成性靈的層面，再由小我的生命轉化成宇宙生生不息的生命。以下我們綜合的來看看中國哲學裡，對生命轉化的工夫。

㈠生命的肯定

生命的肯定就是對生命存在意義的肯定。生命的存在包括了形體的存在，以及存在期間的一切生命活動。《論語・先進》上曾記載：

季路問事鬼神，子曰：「未能事人，焉能事鬼？」曰：「敢問死？」曰：「未知生，焉知死？」

「事人」、「知生」合起來，就是重視人生。也就是說不要離開人世去談鬼神，不要忽略生命應盡之事去論死後。這是儒家以人生的事實和責任去肯定生命存在的意義。

莊子在〈大宗師〉上也說：

夫大塊載我以形，勞我以生，佚我以老，息我以死。故善吾生者，乃所以善吾死也。

這是指我們的形體乃是自然所賦，也可說是人身難得。雖然有了形體，就有形勞，就有老死。但有了生命，就要肯定生命對我們的意義，要好好的盡我們生命之所有，不必畏生，不必懼死。

㈡生命的提昇

生命的提昇就是在此有限的軀體存在期間，使自己的德性、精神，不斷的向上提昇。這種工夫，一方面是對物質，或物欲的超脫；一方面是使自己的修養，「日日新又日新」。孟子在〈告子上〉有段對話說：

> 公都子問曰：「鈞是人也，或為大人，或為小人，何也？」孟子曰：「從其大體為大人，從其小體為小人。」曰：「鈞是人也，或從其大體，或從其小體，何也？」曰：「耳目之官，不思而蔽於物，物交物，則引之而已矣。心之官則思，思則得之，不思則不得也。從天之所與我者，先立乎其大者，則小者弗能奪也，此為大人而已矣！」

小體即是軀體，和軀體所追求的物欲。大體即是精神，或德性。我們的心如果為軀體所限，只跟著五官而動，便被物欲牽著鼻子走，愈走愈下墜，這就是小人。相反的，我們的心如果能檢視五官，非但不受五官所限，逐於物欲；而且超越五官，使五官受心的化導，向上發展。在儒家，就是由小人，而君子，而聖賢；在道家的莊子，就是由凡人，而至人，而真人。總之，離物欲，趨德性，就是生命向上提昇的動力。

(三)生命的突破

生命的突破就是不受自己軀體所限制，而能突破自我的意識範圍，進入別人的軀體，意識到別人的感覺，所謂感同身受。也即儒家所謂「人溺己溺，人飢己飢」的情懷。

這種突破個體形骸的拘限，不是任何動物所能為，就連一般的人類也不易達到。但不易達到，並非不可能。就人類的情感來說，父母對子女的關愛常有這種突破軀體的現象，所謂父母子女的連心。

譬如子女挨餓受凍，或有病痛的時候，父母不僅感同身受，甚至比兒女更痛苦。這就是由於至情能突破軀體的間隔。

除了至情外，在儒家還有一種由惻隱之心引申出來的仁心，也有這種作用，如《孟子・梁惠王上》的一段故事：

（齊宣王）曰：「德何如，則可以王矣？」曰：「保民而王，莫之能禦也。」曰：「若寡人者，可以保民乎哉？」曰：「可。」曰：「何由知吾可也？」曰：「臣聞之胡齕曰：『王坐於堂上，有牽牛而過堂下者，王見之曰：牛何之？對曰：將以釁鐘。王曰：舍之，吾不忍其觳觫，若無罪而就死地。對曰：然則廢釁鐘與？曰：何可廢也，以羊易之。』不識有諸？」曰：「有之。」曰：「是心足以王矣，百姓皆以王為愛也，臣固知王之不忍也。」

這段話說出齊宣王當時看到牛將被宰，而有不忍之心。這不忍之心雖然是暫時的，不常有的，但卻是打破人與牛，甚至帝王與畜牲之間形體的隔閡，這是非常重要的一點突破，所以孟子要宣王好好把握，再把它推出來，如他說：

古之人所以大過人者，無他焉，善推其所為而已矣！今恩足以及禽獸，而功不至於百姓者，獨何與？

從不忍之「心」，到「推」恩，就是把這點突破形骸的惻隱之心，轉化為「民胞物與」的仁民愛物的情懷，這是生命與生命之間的相連相融。

(四)生命的光大

生命的光大就是把有限的軀體的生命化為熱，化為光，去光被四表，照耀千古。人類肉體的生命年限，最多一百餘載，聖賢英雄與凡夫走卒沒有一個人能跳得出這個範圍。道教的神仙丹鼎，希圖長生不死，二千年來，似乎渺不可驗。今日科學的研究，企圖永固人命，究竟是否成功，也還不可期。即使在人的軀體上有所增長，也無非像海龜一樣，多活幾百年而已。如果人類不能在質地上有所改善，那麼惡人長壽，豈非更禍延千年。

傳統中國哲學提出一套生命不朽的看法，即所謂：「立德、立功、立言」的三不朽。當人的生命向上提昇之後，由於在德性上有所建立，可為楷模，如孔明的忠、關羽的義；在功業上有所建立，能造福人類，如大禹的治水；在文教上有所建立，能移風易俗，如孔、孟、老、莊的哲學。這些人士本來都是有軀體的，可是卻因為他們能把生命化為火光，利益群生，所以他們也都被後人尊奉為神明，祭祀不絕。

㈤生命的延續

生命的延續是指個人的軀體雖然有死亡，可是子孫的血脈繼承，卻似同生命的永續。這種祖宗的祭祀，與孝道的傳承，也是中國文化的一大特色。

祖宗祭祀乃是中國傳統的宗教信仰，祖先猶如神明，可以福祐子孫。子孫對祖先的祭祀，「祭神如神在」（《論語・八佾》），好像祖先一直與子孫共存。因此當我們離開這個世界時，也可以想見子孫對我們的祭祀與懷念，使我們感覺到永恆的存在。

在其他國家，宗教的力量非常大，人們對宗教的感情非常強烈。因為他們對死後的問題無法解決，沒有交代，所以只有求助於宗教。可是傳統的中國文化重視祭祀與孝道，沖淡了人們對死後的恐懼。很多人在臨終前，念念不忘的，不是死後往何處去，而是自己有否子嗣，及子孫是否有出息，自己是否對得起祖先。這種觀念強烈得有如一種信仰，成為中國的人間宗教、倫理宗教。

四、中國佛學的人間意義

㈠重視人間和樂的中國文化

中國文化從源頭開始，一直都是強調人間的生活。就以最早的三皇五帝的傳說來看，有巢氏教民巢居，伏羲氏教民畜牧，神農氏教民農耕。接著黃帝的發明指南車，以及垂衣裳而治，都是有關人生實用的。其後再傳到堯、舜、禹、湯、文、武、周公，這段孔子以前的二千多年的歷史，可以說都是以人文為主。孔子繼承了這段文化，所編的六經，無不是以政治、倫理、人生日用為唯一的範疇。這比起同一時期的印度古代文化，以宗教的《吠陀》、《森林書》、《奧義書》為主軸，顯然是截然的不同。

由於中國文化重視人生日用，所以發展出一套以政治、倫理為中心的思想系統，筆者稱之為中國整體的生命哲學，這是以生生的天道、聖人的哲理，和生活的實踐為等邊三角形的三個角，而互相循環，相輔相成的一套文化模式。筆者曾有好幾篇文字解說此一體系，此處不擬詳述。唯相應於本文的主旨，僅簡述其中心意義，以便與印度文化及佛學作一比較。

中國古代聖哲體承天道的生生之德（《易經・繫辭傳》），而「繼天立極」（朱子《中庸章句・序》）以建立一套做人處世的標準，去指導人們如何運用於日常生活中。這也正是《中庸》開端的三句話：「天命之謂性，率性之謂道，修道之謂教。」「天命」就是生生的天道，這是我們人性之所本。「率性」就是率人性的至善，以為做人處世之道。「修道」就是聖人體承天道，本乎人道，以求移風易俗的教化。也就由於這種天人合一的教化，使得中國文化自古以來，強調生命，重視人間。無論是聖賢，無論是凡人，大家所追求的，乃是人間的和樂。

人間的和樂，並不是一個高不可及的理想，也不是需要我們窮畢生精力才能達到的境界。我們畢竟生活在人間，我們都隨時隨地的在製造和樂，享受和樂。這種中國人追求的人間和樂，比起印度的苦觀文化來，顯現了以下的五個特色：

1. 以和為樂的特質

中國人一般追求的快樂，不是高超得變成虛無飄渺的離世之樂，也不是粗俗得完全是肉體官感的享受之樂。中國人的快樂可以說是世俗的，但卻是中庸的，是以和為樂的。說得清楚一點，就是沒有強烈的刺激性，大家能夠接受，自己也容易滿足的。

2. 強調內心的和樂

中國人一般都知道，快樂不是外在的，萬物中沒有一個名字叫快樂。快樂完全是內心的感受。快樂是以和為本質，因此內心的中和，或平和，才是快樂的源頭。

3. 重視家庭的和樂

中國文化重視家庭倫理。古代的禮制都以倫理為依據。「禮之用，和為貴」（《論語・學而》），倫是關係、次序。理是禮，也即是和。所以倫理就是家庭的和諧。中國人所追求的快樂，都是以家庭的和樂為主。

4. 促進政治社會的和樂

中國古代政治社會的結構，除皇族外，有士、農、工、商的等級，但這四個等級不像印度古代的四種姓那樣的封閉，而是自由開放的。一個農家的子弟，可以憑十年寒窗的苦讀，而入仕為官，甚至封侯拜相，變成皇親國戚。如果某些國君太過暴虐，也有湯武的革命，傳為美談。歷史上的改朝換代，也班班可徵。因此中國人的最高理想似乎已很滿足的在政治社會的體制內尋求。即使世俗的宗教，也建立了一個玉皇大帝所統治的天堂，可是玉皇大帝根本無需關心天上之事，他所管理的，完全是人間的事務。所以整個中國的文化、哲學，甚至宗教，都是以人間的政治社會為依據。而政治社會所強調的就是人間的和樂，所謂「協和萬邦」（《尚書・堯典》）、「政通人和」，都是為了促進政治社會的和樂。

5. 培養追求和樂的智慧

中國智慧所追求的人間和樂是在於政治、社會和家庭。中國古代的聖哲早就替智慧兩字下了定義說：「知人則哲，能官人；安民則惠，黎民懷之。」（《尚書・皐陶謨》）由於中國的政治社會是以家庭為基礎，所以這種智慧的成就，早在家庭中已經培養出來。由於中國古代是大家庭制度，倫理的人際關係複雜，一個人從小便學會了處理這種人際關係的能力和經驗。從正面來說，培養了許多美德，如遜讓、自反，和恕道；從反面來說，使我們懂得人情世故，使我們心理早熟，而易於適應周遭的環境。無論是正反兩面，總之，中國人從小便培養出一種處世的智慧，好像從小便種下了對外界痛苦煩惱免疫的抗體。

(二)印度佛學的中國化

印度佛教自漢明帝時傳入中國以後，為了要植根在中國的土地上，它的發展有兩條路線：一是走學術的路線，就是譯經、注疏，走進中國哲學的園地，為知識份子所接納。一是走民間的路線，就是以佛教的較為淺近的基本教義，如輪迴、因果報應等，走進中國的社會，為一般善男信女所接受。前者都和道家思想發生關係，因為翻譯梵文經典的許多術語和觀念，與道家的老莊思想非常接近，因此初期傳入的佛教，是由道家思想來迎接的。後來，從小乘的毘曇宗，到大乘的般若，甚至中國禪宗的興盛，都是由道家思想影響，為背後推動的力量。所以這一條路線走得很順暢，很自然的便形成了中國的佛學。後者由於走入中國社會，而中國社會的基礎是儒家的信仰，因此佛教義理必然和儒家思想及傳統的風俗習慣發生摩擦。因為印度文化和中國文化的不同，所以印度佛教必須作許多調整，才能融入中國的文化。譬如對倫理的強調，對人生快樂的追求等。

在這種佛教的中國化過程裡，其間的相沖相和，顯出了以下三個現象：

1. 佛學和中國倫理思想的逐漸融和，使佛教更重視人性、人情，及人間的生活。好的方面，使佛教易於為民眾所接受，產生更大的影響力，勸善規過，成為中國人信仰裡最重要的一部分。而缺點方面，卻是佛教逐漸的世俗化、庸俗化，變成了迷信。

2. 佛學藉倫理走進了中國的家庭，所謂「家家觀世音」。本來，中國的家庭是儒家的，而自此以後，中國的家庭裡，儒、佛的信仰可以同時和平共存。譬如嚴父是儒家的學者，慈母也許是佛教的信徒。有的儀式，如婚慶和日常生活是儒家的制度；有的如喪葬等，卻摻雜了佛教的。在印度佛教傳入以前，我們講外儒內道，都是就政治運用來說的。自印度佛教傳入之後，我們可以講外儒內佛，都是就日常生活來說的。這說明了儒、佛的平衡，使中國文化、中國人的生活裡，更增加了許多異彩，更平添了許多內容。

3. 佛教與中國文化的相融，這是一個大趨勢。但在相融的過程中，仍然有不少的摩擦，一直持續到現在。這些摩擦，較大的，有時候變成了一個政治的或教派相爭的問題，譬如歷史上三武一宗的排佛。然而這些都是外在的、暫時的，最後的趨勢還是走入合的路子。不過小的衝突仍然偶有發生，如一九九四年臺灣某禪寺處理大批青年學子出家的問題，引起家長的反抗，鬧成了社會新聞，這都顯示出在某些方面，人們的觀念仍然有許多差異。佛教要走入中國的人間，還需要下更大的努力。

㈢出世入世的爭論

綜合前面所述，我們剝去了那些外在的摩擦與衝突，將會發現還有一個根本的問題，就是出世與入世之間的爭論。這一爭論有兩個方面，一是僧尼的出家與傳統以倫理為中心的社會產生了衝擊，因此僧尼常被視為化外之民。另一是佛教那套無常、無我的思想，總帶有消極的色彩，所以歷史上有夷夏之辨，宋明理學家也批評佛家不能用世。總之，這兩點都以為佛教是出世的，不能入世。

這種觀念反映了、也影響了佛學與佛教的分歧發展。這是說佛學由於經典的艱深、義理的繁瑣，走入了高妙的形而上境界。雖然佛學需要實證，但也屬於個人的參證，如華嚴、天台、唯識宗的論疏深奧難讀，而禪宗雖然有意要反過來，講求易簡，可是它主張的明心見性、一超直入，到後來更是玄妙莫測。所以這一發展成為佛教哲學家的象牙之塔，而與人間世的佛教脫了節。另一方面，世俗的佛教信仰沒有上層佛學的指導，愈走愈庸俗，以致變成了求籤、燒香的迷信。那些到處去寺廟膜拜的信眾，不知上面供奉的神像是佛是道，都只求一己的升官發財，或添丁賜福。這樣名之為佛教走向人間，事實上卻遠離，甚至違背了佛教的基本精神。

五、中國人間佛教的倡導與理論

佛教兩字本是指佛陀的教言，或教化。自佛陀在菩提樹下悟道後，即回到社會，走入人間。他所提出的那些理論，四聖諦、三法印、十二因緣和八正道等，都是為了指導人們解決人間的痛苦和煩惱，所以佛陀的教言本來就是人間佛教。只是在印度根本無需特別標明人間佛教一詞。

佛教到了中國之後，才與中國的人間發生了關係。由於中國的人間與印度的人間對政治、社會、倫理的強調不同，所以才有出世入世的爭論。事實上，這種爭論只是歷史上、政治上、教派上的一些是非觀念的爭執而已。真正的中國佛教承繼佛陀救世的精神，本來就是人間的。所以中國的佛教並不在於出世與入世的問題，而是在於如何真正負起移風易俗，改善社會的人間意義。

事實上，在歷史上早就有許多對佛教本身改革的諍言和努力。如道生的「善不受報」、「佛無淨土」論，以及對印度某些戒行的修改；慧能的「天堂就在目前」、「若欲修行，在家亦得」，以及建立以人的自性為本的中國禪宗；百丈懷海的「叢林清規」，以及提倡耕種的自食其力等等，都是使佛教走入人間。然而真正提出「人生佛教」或「人間佛教」的名稱，而有系統、有計劃、有組織、有實際行動的來開展中國「人間佛教」的，卻是近百年來的發展。

㈠太虛大師對人生佛教的倡導

太虛大師生在清末民初的一個大轉變時期，無論在政治上、社會上，都是在講革命、求革新。因此他所領導的佛教也必須適應時代的需要，以圖振作，而有新的發展。太虛大師被譽為「中國佛教史上最淵博的佛學家，也是近代史上第一流的思想家」（《東初中國佛教近代史》），他對近代佛教復興的貢獻非常鉅大。此處我們僅就他所提出「人生佛教」的重點，介紹如下：

1. 參與社會活動

傳統佛教雖然重視救世救人，但對於社會活動總保持距離，欠缺積極參與的熱情。太虛大師有鑑於此，呼籲所有僧侶都應參與社會工作，尤其，當時正值日軍侵華，太虛大師更組織僧侶救護團等深入軍中。所以凡是對國家社會有益的工作，太虛大師都鼓勵僧侶積極參與。

2. 強調僧侶教育

傳統佛教只有僧侶的修行生活，念經持戒，以求成佛。太虛大師強調菩薩的行願，認為僧侶要救世救人，必先有救世救人的風範。就像社會上的各行業，如律師、醫生、會計師等，都有他們本身的專業和形象。因此太虛大師努力整頓僧伽體制，創辦佛學院，培養適應時代需要的弘法人才。

3. 確立人生佛教的精神

太虛大師以「人成即佛成」一語宣示了人生佛教的精神。「人成即佛成」一語著重在「人成」。「人成」，在儒家來說，就是「成人」；在一般中國人的觀念，就是「做人」，做一個成色十足的人。要做到「人成」，必然涵蓋了中國文化裡「做人」的一切重要的、基本的德行，如忠、孝、仁、愛、禮、義、廉、恥等。太虛大師曾為僧伽的修養提出四個字的標準，即澹、寧、明、敏。雖然這四字也和佛家的持戒、禪定、智慧、精進相合，但太虛大師用了這四個中國的修養德行，也涵蓋了儒、道兩家的思想。澹即淡泊，寧即寧靜，偏於道家；明即明理，敏即敏於行，偏於儒家。由此可見太虛大師「人成」的工夫，是契合了中國人間的人生佛教修養。

太虛大師雖然高瞻遠矚，勇於改革，但迫於當時的環境，始終未能如願，他在四十九歲時，曾寫〈我的佛教革命失敗史〉一文，自陳遭受挫折的原因。到了五十九歲，便因病而逝。天未能假以年命，這也是他「人生佛教」的理論，未能實踐的主要原因了。

(二)慈航法師對「人間佛教」理念的響應

儘管太虛大師的佛教革新運動功敗垂成，但由於他注重教育播種，將「佛教走出山門」的理念灌注到青年僧侶的心中，終於在若干年後，開花結果。

慈航法師於一九二七年進入閩南佛學院，接受太虛大師的精神感召，一生致力於佛教的弘揚。一九四〇年時，他跟隨太虛大師訪問東南亞各國，繼而留居馬來西亞。在新加坡、檳榔嶼等地組織佛教會，設立佛學院，並發行《人間佛教》雜誌，使南洋的佛教大為興盛。

一九四八年，慈航法師至臺灣中壢，應果妙法師之邀，主持臺灣學院，僧俗兼收，開臺灣佛教之新紀元，在弘法上，對於太虛大師的主張都有具體的發揮如下：

1. 強調佛教應走向人間

慈航法師極力呼籲「文化、教育、慈善是佛教的三個救命圈」，如他說：

> 有文化，可以宣傳佛教的教義；有教育，可以栽培弘法的人才；有慈善，可以得到社會的同情而信仰。（〈菩提心影〉）

以上是就大方向而言。在方法上，他則主張佛教應當民間化、大眾化、教會化、教育化、工作化、系統化、文藝化、慈善化、律儀化、革命化（〈菩提心影〉）。這種種一言以蔽之，就是要發揮佛教的人間性。

2. 提倡建設人間淨土

宣揚人間佛教的目的，在於建設人間淨土。慈航法師特別強調說：

淨土並不是自然而成的，也不是「神」所造，還是出於人為的。拿西方燦爛莊嚴的極樂淨土來說吧，也就是阿彌陀佛所發的四十八願與念佛的眾生而成功的啊！「心淨則國土淨」。可見人人皆有創造淨土的本能；只要能毅然的把這一股潛勢力發揮出來就成功了。（〈建設人間淨土〉）

他同時認為：

佛法是唯一無上利人濟世的良方，它能夠補助國家政治法律之不及，從事「心理建設」，以期實現「人間淨土」。（〈佛法就是佛法〉）

這正是筆者一再強調：人的生命應奠基於人間的生活，進一步加以提昇與轉化。如果人人能夠如此，則淨土就在人間，何需另覓淨土。

㈢印順法師對「人間佛教」理論的溯源

印順法師是在一九三六年巧遇太虛大師，便奉命進入武昌佛學院，接著又赴漢藏教理院研讀佛理。四十二歲時曾主編《太虛大師全書》，他受到太虛大師很深的影響，近幾十年來，專門從事佛教義理的寫作和教學，由理論和歷史事實上去證明「人間佛教」的重要，以下介紹他的兩個中心旨趣：

1. 發揚佛陀的人間本懷

印順法師為了證實人間佛教是佛陀傳法的本懷，他近年來對於印度佛教史，及佛教原始的經典，作了廣博而深入的研究，寫了不少精湛的著作，如《印度佛教》、《印度佛學史》、《雜阿含經研究》等，他自敘這種研究的動機：

在國難教難嚴重時刻，讀到了《增一阿含經》所說：「諸佛皆出人間，終不在天上成佛也。」回想到普陀山閱藏時，讀到《阿含經》與各部廣「律」，有現實人間的親切感、真實感，而不是部分大乘經那樣，表現於信仰與理想之中，而深信佛法是「佛在人間」、「以人類為本」的佛法。也決定了探求印度佛法的立場與目標。（《契理契機之人間佛教》）

2. 強調原始佛教的人間意義

由於印順法師對印度佛教史的研究，看到佛教在印度由盛而衰的變遷，因而特別強調原始佛教的人間精神而說：

我是繼承太虛大師的思想路線（非「鬼化」的人生佛教），而想進一步的（非「天化」的）給以理論的證明。從印度佛教思想的演變過程中，探求契理契機的法門；也就是揚棄印度佛教史上

衰老而瀕臨滅亡的佛教，而讚揚印度佛教的少壯時代，這是適應現代，更能適應未來進步時代的佛教。（《契理契機之人間佛教》）

這段話很清楚的說明了印順法師對人間佛教的看法，他認為佛教不是鬼神膜拜的庸俗宗教，也不是天神信仰的理想追求，而是在人間的切實修持和傳法，使人們在人間得到解脫。

從太虛大師到印順法師，我們可以看出從「人生佛教」的提出，與「人間佛教」理論探索的這一發展。他們兩位都是近代佛學史上，德高望重、博學慎思的高僧學者。由於他們的強調，使我們更有信心的確認「人間佛教」是佛陀傳教的本懷，也是佛教和佛學最原始、最基本的精神。

不過由於他們兩位高僧都是生長在中國，必然受到中國文化的影響，而且又都生活在社會變遷、知識發達的現代，這與佛陀當時的環境不同，因此縱使他們推原佛陀的本懷，在理論上一致，但在「人間佛教」的實踐和弘傳上，必受「人間」的影響，而有許多新的成分、新的思維，和新的發展。

六、中國人間佛教的實踐與弘傳

這種新的發展，對應佛陀傳教的本懷來說，根本是一致的，因為兩者都是針對人間的佛教。人間有新的環境、新的變遷，因此自然會有新的方法、新的精神。否則只拘泥佛陀當時言教的表面意義，一成不變，又怎能適應今天的社會，解決今日人間的問題。

在佛教的實踐上，凡是高僧大德都有他們各自的修養工夫，也都有他們救世救人的不同方法。南傳的「小乘」有它們「人間」的特色；北傳的「大乘」當然也有它們「人間」的精神。太虛大師的「人生佛教」，在他當時的環境，自有特殊的意義。而在臺灣近幾十年來蓬勃的發展，每一宗派、每位高僧都有他們在某一方面實踐人間佛教的貢獻。在這裡，我們特別以星雲大師所領導的佛光山「人間佛教」為例，來說明今天「人間佛教」在臺灣的實踐與弘傳，因為他們自稱教團為「人間佛教」，而努力的、積極的，為佛教開創出一個新的境界、新的局面。

關於佛光山的「人間佛教」，可以從硬體和軟體兩方面來介紹。所謂硬體方面，就是指他們使佛教人間化所做的實際工作。這在他們出版的《佛光山三十週年特刊》中，已記載得非常具體，在這裡僅扼要的歸納為三方面：

1. 佛教寺院社團的多元性功能

傳統的佛教寺院都是在深山叢林中或郊外偏僻處，它們的目的是躲避塵世的煩擾，或吸引信眾來歸依。可是佛光山設立了很多寺院及道場，走進城市的中心，把佛法帶到社會的每個角落。即所謂「從獨居的佛教到大眾的佛教」、「從山林的佛教到社會的佛教」、「從法會的佛教到活動的佛教」。目前據統計佛光山在臺灣的分院有五十二所，在世界各國的分院有九十四所，這也是他們自期的「法水遍灑五大洲」。

由於強調「人間佛教」，這些道場除了作法事、講佛法外，更從事不同的活動，如舉辦義診、捐血、推動藝文活動、環保，及書法、健身、幼兒照顧、職業輔導等，所以這些道場無異是多功能的活動中心。而道場的主持者，都是佛光山近三十年來培養出來的弘法人才。他們不僅都受過嚴格的僧伽教育，教理與教儀兼修，而且都有現代教育的訓練和知識，同時兼有經營管理的才能。唯有這樣才能把這些分院道場，不僅推擴到社會，而且推入人心中，負起了真正佛法在人間的任務。

2. 佛教文化事業有系統的推廣

佛光山對佛教文化事業最重要的貢獻就是對《大藏經》的重新編訂。這件工作自一九五五年即開始宣傳，由星雲大師帶領青年弘法團環島遊行，宣揚重編《大藏經》的理想，以捐募編纂基金。至一九七七年，成立佛光大藏經編纂委員會，進行工作。將各種版本的藏經重新整理，加以新式標點、分段、注釋和校勘。字跡大而清晰，可以抽出某本經書當作單行本來閱讀，這是使《大藏經》現代化、大眾化的工作。這部新式的《大藏經》於一九八三年完成《阿含部》，一九九五年完成《禪藏》，一九九七年完成《般若藏》。這是佛學研究上使佛學更接近人間的一大事業。

在編纂《大藏經》的同時，佛光山還編了一部《佛光大辭典》，比起相沿用了幾十年的丁福保《佛學大辭典》來，顯然是更為詳細而明晰，因為它是用白話文寫的，不僅適合學者，更適合於一般初學者。最近這部辭典又製成光碟版，走入了現代的電腦世界中。

為了接引初學者，佛光山又編了一套《大藏經》的精選，邀請了二百多位海內外學人，替經書作精選、題解、注釋，和白話翻譯。最近還編了一套十二冊的《佛教基本概論》，提供初學者為教本之用。由這些編纂的工作上可以看出佛光山是在根本上為人間佛教的人間佛學奠下切實而長遠的基礎。使佛學的弘傳不只是寄託在幾位博學高僧的講授，而是希望人人可以憑自修由淺入深，登堂而入室。

3. 佛化教育制度的革新

傳統佛教只注重僧伽的修行，其目的在維護教團或教派。太虛大師已注意到有制度、有系統的培養僧伽的專修和通才的教育，以從事佛教參與社會工作的任務。佛光山繼承了太虛大師的這一理想，在一九六四年創設高雄「壽山佛學院」，招收對佛學有興趣的青年，以培育弘法人才。直到今天佛光山的叢林學院同期有數百人之眾。這些學子們除了佛教的經論戒律外，也兼習世學，如哲學、心理學。這些學子們畢業後，如不願為僧伽，仍然可以回到世俗，去繼續他們的學業，或工作。他們在這幾年來所經歷精神的教育和潛修的生活，到了社會中，每個人都是一顆顆人間佛教發展的種子。

接著我們再看看軟體方面。所謂軟體是指在這些鉅大的事業和事功的背後，有一股推動的力量。這股力量不像那些有形的建築、道場和圖書，可以用有形的數字來表達。它是柔性的、無形的，卻是推動了佛光山「人間佛教」的力量。這股軟體方面的力量，也來自於佛光山開創者本身的性格與才能。這一點可以證之於佛光山所編一套「佛教」叢書中的一冊，題名《人間佛教》的書。在該冊書中，除了星雲大師為「人間佛教」所寫的藍圖、基本思想等文字外，耐人尋味的是，還列入了七十六則題名「我的人間佛教性格」，及九十九則題名為「人間佛教的人情味」的各種他切身經驗的小故事。這些故事才真是「人間佛教」的內容，也是佛光山「人間佛教」推動的力量。現在從以下三方面來看看這股柔性的力量。

1. 深入淺出的文字般若

星雲大師一九五五年出版的名著《釋迦牟尼佛傳》，是以白話文和故事的體裁描寫佛陀的一生，文筆淺顯易讀，內容引人入勝。直到今天，四十多年來，他所有的作品都是深入淺出的，其中，如《心甘情願》、《一半一半》、《有情有義》等著作，即使是在文藝界，也是一流的散文。

這一點之所以重要，是因為傳統佛教的經書艱深難懂，再加上魏晉南北朝的許多注疏，比原著還難讀。近代學人雖然有現代知識，雖然用白話文，可是摻合了西洋哲學艱澀的術語，把佛學詮釋得變成觀念的遊戲，只供某些學者把玩而已。今天「人間佛教」的目的是傳法度人，度人最起碼的條件是所說的話別人聽得懂，所寫的文字別人喜歡看，否則連最起碼的文字溝通都沒有，又如何能接引眾生。

2. 真實生活的隨緣教學

佛教是人間的佛教，佛陀的思想都是取材自人間生活的事實。我們看早期的佛學，如《阿含部》的各種經典都來自佛陀生平的經驗，和許多動人的故事。星雲大師出版了一連串的生活小品，都是寫他近幾十年來做人處世的經驗，這些真實的故事把許多和星雲大師交往過的信眾都變成了主角，使他和信眾們在真實的生活中產生了共鳴。所以佛光山的很多信眾不是研讀那些大經大論才信佛，而是被那些感人的故事所吸引，走向佛光山的。

其實，整個人間是一篇文章，人的一生就像一篇小品文。生活中的一點一滴，都是生命的結晶。就禪宗來說，都充滿了禪機、禪理。古代的禪師們，要參這個機、悟這個理，常常用了畢生的工夫。可是後來，禪宗走到極端，亂用公案與棒喝，使禪宗脫離人間，走向衰微。星雲大師是臨濟宗第四十八代傳人，他用這些生活上的真實故事代替公案與棒喝，又重新把禪宗帶回人間。

3. 正視人生的思維準則

佛陀的教言本是為了人間的，他所講的「諸行無常，諸法無我」，是從反面的說法來引導我們走向正途。所以他真正的旨趣乃是強調「八正道」。可是對於「無常」、「無我」的反面說法，易於產生共鳴，而很多人便誤解佛教是出世的。

為了避免人們的這種誤解、誤導，「人間佛教」應該多從正面著手，這即是所謂的「正視人生」，也就是從正面去肯定人生。從小乘的「無常」、「苦觀」、「無我」、「穢土」，到大乘的「常」、「樂」、「我」、「淨」，已是一大轉變，已是從正面去諦觀。中國佛學一開始便把握住「常」、「樂」、「我」、「淨」的精神，建立了中國的「人生佛教」。而進一步，「人間佛教」的弘揚，更要積極的去正視「常」、「樂」、「我」、「淨」中的人生事實。

星雲大師在《人間佛教》一書中除了以《維摩詰經》的人間淨土為藍本外，更正面的、積極的以「人間佛教」的理境為標準去討論「財富觀」、「道德觀」、「女性觀」、「福壽觀」、「政治觀」、「忠孝觀」、「未來觀」；甚至把一超直入的「禪」，也和現代人的生活連在一起。這也就是說「人間佛教」是正面的肯定人生的意義和價值。

從以上所述來看，佛光山這三十年來，配合了臺灣的經濟發展、人們對精神生活的需要，而積極的把佛教帶入社會，奠定了「人間佛教」的基礎。他們的努力和成就，也正標示了此後佛教開展的大趨勢。

七、中國人間佛教開展的新世諦

為了秉承佛陀人間佛教的本懷，今天我們面臨新的時代，更應深入到今天的人間，去發揚生命的真諦。本文強調「生命的轉化」，就是希望能把佛陀的思想與中國哲學的工夫融合起來，以迎接人間佛教的新開展。現在對應佛陀四聖諦「苦、集、滅、道」，我們把「生命的轉化」一語也分成「生、命、轉、化」四個要點，來說明今天的「人間佛教」除了推廣社會的活動、文化的事業外，更應在思想觀點上有新的詮釋，才能促進未來「人間佛教」的大開大展。

㈠生

佛陀講「苦諦」，不是說苦是真理，更不是說人生充滿了苦、生命就是苦。所謂「苦諦」，是苦的諦觀，就是要我們面臨人生中的許多苦，去參透苦。藉對苦的了解，使苦反而成為一種動力，使我們的生命往上提昇。佛陀所謂「轉向苦邊」就是正視苦，以苦來使自己清醒，這與孟子「生於憂患」之意有異曲同工之妙。人生畢竟有苦有樂，但很多人誤解苦諦，或錯用苦諦，以苦來概括一切，把所有人間之樂都變成了苦之因，把人生看得非常悲觀，了無生趣。為了針砭這種病態，我們在這裡特別強調「生」，就是正視人生的全部，了解有苦也有樂，告訴人們如何避苦而趨樂。這個「樂」不是粗俗之樂，不是有苦果的樂，而是真正的人生之樂。這個「樂」並非純粹精神的、形而上的，也是有形質的，如身體的輕安舒適，食物的清淡可口，以及男女真愛之樂、家庭倫理之樂等。

相對這個「生」字，在佛學上有「無生」，或「無生法忍」的術語。「無生」本是指「不生不滅」的涅槃境界，這不是一般人所能達到的。由於不易達到，反而變成空想，以致被誤解為「無生命」之生。其實「不生」不是滅；「不滅」卻是生。所以「不生不滅」即是永遠不滅的生。這是形而上的境界，不是一般人所能把握的。因此落在現象界來講工夫，「無生」可解作不生欲望，不執著虛妄的生相。從苦觀到無生，這是傳統佛學的一套修養工夫，但運用得不好，常使人有消極悲觀及出世之想。對於這點，中國近代佛家們常用「以出世的精神，做入世的事業」來為此解套。然而有了「出世」、「入世」的二分法，便始終存在著不易統一的對立。因此今天佛教強調「佛法在人間」，是入世的事業，也是入世的精神。根本無「世」可出，也無需標明「出世」。所以在此處特別強調這個「生」字，從正面去肯定人生。當然人生中有苦、有欲，我們正視人生，必須了解苦因，消滅私欲，所以仍然需要苦諦和無生的工夫。但人生還有許多真正的快樂、高尚的理想，等待我們去充實和完成。所以在今後的「人間佛教」上，我們肯定這個「生」，不僅賦予人間以「生」意，而且也使我們推動「人間佛教」的工作者有無比的「生」力。

㈡命

佛陀提出「集諦」乃是為了說明苦的原因。就十二因緣的理論來說，這個苦的始作俑者是無明。由無明而產生「行」之後，直到老死，幾乎環環相連，很難自拔。再加以這十二因緣又有三世因果的關係，那麼無明是前世的因，由這個因造就了前世的業，而支配了今世的我，這在中國的語言文字來說，就是「命」。但今世的「我」，對於前世的業，雖然只有承受、只有認命，但對於未來的業，卻可以憑自己現在的願力、智慧來改造，這就叫做改命。

佛學的這套無明業力的理論的確非常周延，可以解釋許多人生的現象。但這個無明的業力非常大，雖然在理論上說，我們可以改變它，但如果它潛伏在我們心身中那麼的久遠深入，我們今天又哪裡有這麼大的力量去反抗它、改變它呢？這也即是一般佛教徒知道業由自造的道理，可是總常有使不上力的無力感，而仍然必須求神拜佛，寄託外在的力量來為我們改命。

在印度佛學的業力思想傳入中國之前，我們社會人心所講的是「命」，這個「命」的觀念自古至今一直左右中國人的思想信念。中國語文的「命」字，包括了「生命」、「運命」和「天命」的三層主要意義。當然引申的意義，還有性命（性之命）、德命和慧命。性命和德命可歸入天命。慧命為佛學語，另當別論。在中國思想裡，「生命」和「運命」都是氣化的運行，非人力所能控制。除了道教行氣煉丹的神仙學外，中國人的心理多半是以「存而不論」的超然態度對付它們。在這方面，佛學的業力說卻提供了很多理論，也為中國人所接受，影響我們的生活思想，這是佛學對「命」的貢獻。可是關於「天命」的思想卻是中國哲學的一大特色。這是佛學方面所不談的。「天命」並不是上帝的命令，而是天道自然的流衍，對人來說就是稟賦。「命之謂性」（《中庸》），這是以性為命。「天生德於予」（《論語・述而》），這是以德為天所賦，也即以德為命。這兩者都強調人的德性來自於天道，也就是純然至善的，這與印度佛學以無明為十二因緣的首端，使我們的德性在源頭上有了陰影的理論不同。所以在中國哲學裡，天人之間沒有任何阻礙，人性既然是天命的，因此只要發揮人性，就可以天人合一，這是中國哲學裡的「立命」之學。「立命」就是建立精神的生命、道德的生命。

今天，我們強調「人間佛教」，似應少談前世的無明與業力，而須多肯定今世的智慧與努力。對於一個肢體殘缺的人，我們能說那是前世造的惡業，讓他平添雙重的愧疚？我們也許該效法莊子，將那些人間的遺憾用一個「命」字一筆勾消，而就在這形體上，建立起不為任何痛苦煩惱所搖撼的精神的生命、道德的生命。

(三)轉

在四聖諦中的「滅」是吹熄欲望的工夫，欲望吹熄得最徹底，不留一點復燃的火星，就是「涅槃」

的境界。這種工夫和境界容易使人誤解和誤用，以為「滅」是消極的出世，而「涅槃」是進入世界之外的另一個樂園。

在中國思想裡，沒有和「涅槃」相當意義的字，而我們的方法和工夫也不用「滅」字。所以此處我們強調這個「轉」字，一方面它也是佛學的思想，它貫通了大、小兩乘，如原始佛教的「轉法輪」，大乘佛學的「轉識成智」；另一方面，它也是中國的哲學修養，如《易經》的「復」、老子的「反」、孔孟的「恕」及「反求諸己」，都是「轉」的工夫。「轉」對欲望或當前的困境，有消除的作用，如「滅」諦；但「轉」必轉出一個更高的境界，而不是斷滅的空無。我們對人生的許多痛苦，如生、老、病、死，非但不逃避，而且面對它們，去轉變它們。「生」雖然有痛，但人身難得，值得慶賀；「老」雖然不樂，但經驗的累積，值得我們敬重；「病」雖然多苦，但病中深思，更能體恤他人；「死」雖然可怕，但慎終追遠，令人更知善盡其生。這就是「轉」的工夫。即是面對問題本身，改變對它的認識，加深它的意義，而創造了更高的價值。所以這一轉變，不是消極的，而是積極的；不是吹滅的，而是春風吹又生的。但所生的不是欲，不是穢，而是一片安詳自在的淨土。

㈣化

在四聖諦中的最後一諦是「道」。「道諦」以八正道為主，這不是寂滅的靜止，而是人間的活動。對於四聖諦，很多人會有一種看法，即是認為「滅」是工夫，也是涅槃的境界，而八正道即是通向涅槃的道路。因此八正道也就變成和「滅」同樣的作用了。我們此處強調這個「化」字，是為了說明八正道是一種人間的教化，是在「滅」和「涅槃」之後，再回到人間的說法。所以「道」是人間道，「化」是回到人間的工夫和境界。

就中國哲學來說，特別強調「化」字的，是莊子和孟子。莊子說：「（是非）兩忘而化其道」（〈大宗師〉），「化其道」就是與道合一，與道俱化。但這個境界不是離世獨立，而是一面「與天地精神往來」，一面「與世俗處」（《莊子・天下》）。至於孟子一面說「大而化之之謂聖」（〈盡心下〉），這是生命向上的超凡入聖；一面又說「夫君子所過者化」（〈盡心上〉），這是君子在人間的教化，也即是「觀民設教」（《易經・觀卦》），在人間建立起善良的風俗信仰。

在這裡，我們把中國哲學的「化」與佛家「四聖諦」的「道」相應，也就是為了使佛學更中國的人間化，因為今天我們面臨的是中國的社會，而佛陀說「八正道」的時候是針對當日印度的社會。那麼今天「八正道」用到中國的社會上，便必須與中國的許多道德觀念相應，譬如我們傳統思想的八德：「忠、孝、仁、愛、信、義、和、平」，正可以作為實踐「八正道」的內容。否則很多中國佛教徒聽到「八正道」，往往把它看作一個很高的理論，或空洞的概念，而忽略了入手處，正是中國代代相傳的道德教言。所以在這裡，我們特別強調這個「化」字，就是要使佛學真正成為人間的教化，能切切實實的化導人生。

以上「生、命、轉、化」分開來是四個要點，是筆者為了承接佛陀「四聖諦」，而把它變成中國化了的「新四諦」。而這四點合成一條，就是「生命的轉化」一語，這是貫通了佛學和中國哲學的一個共通的工夫，也是今天我們人間佛教積極的正視人生、發揚生命的一個相同的目標。筆者姑妄稱它為「新世諦」。因為傳統佛學總對世諦有負面的看法，認為是假相，現在「人間佛教」的人間就是俗世，我們要深入其中，轉而化之。所以負面的世諦，也能轉為正面的「新世諦」。

八、結語

本文以「生命的轉化」為主旨，就是為了說明無論是以宗教為本的佛教，或以哲學為本的中國思想都是以生命為主體，正視生命、強調生命、成全生命。而它們的方法也許各有不同，但基本的特色，仍然不外於以心為主導，使生命往上提昇，由物質的、世俗的層面，提昇到精神的、德性的層面。

為了證明佛教在源頭上就具有這個特色，所以本文特別從佛陀的生平和主要學說中去尋求這條線索。我們發現佛陀是真正的追求生命，才會出家到深山中苦修；真正熱愛生命，才會回到人世來傳法救人。他是真正徹悟到「常」才說「諸行無常」；真正把握住「我」，才說「諸法無我」。他在自己生命結束時的那麼安詳自在，就說明了他心中很清楚的了解，他已把生命交給了人間。

印度佛教到中國來之後，必然和中國的文化思想產生密切的關係，所以本文必須在源頭上把中國的哲學提鍊成生命轉化的工夫。雖然在介紹這些工夫時，都以儒、道兩家思想為主，並沒有用佛家的教義作比較，其實這些工夫與佛陀的思想根本是一致的。佛陀講「八正道」就是對生命的肯定，「自覺覺他」就是生命的提昇，「慈悲」的無量心就是生命突破的力量，「菩薩」的行願就是生命的光大。至於「生命的延續」，如果是以孝道為主的話，佛陀的言教也是提倡孝親的。在本質上說，真正尊重生命的宗教家、哲學家絕對不會違反孝親的倫理精神；但在運用上，由於孝道變成了禮教，進入了中國的社會後而產生了很多複雜的風俗習慣，在這方面便會有許多差異，這也是本文在標題上特別強調「中國人間佛教」的意義。

印度佛學到中國來，很自然的必須適應中國的文化，調整它的方法，而成為中國的佛教和佛學。當然在某些理論和實踐上，有越出印度佛教的思想，這就同大乘佛學有很多方面是超出了原始佛教的範圍，這也是任何宗教和學術發展的必然趨勢。在這個趨勢中，也必然會產生好或不好的兩種現象。好的方面是更能適應當時、當地的特殊環境；不好的方面，則由於不能把握和主導這個適應，就會流於庸俗化，失去了真精神。針對這點，便有近代中國人間佛教的建立。「人間佛教」一詞之所以被強調，就是為承接佛陀傳教的基本精神，而積極的走入人間，去正視人生，面對流俗，這樣反而能使佛家的真精神成為主導，產生移風易俗的功效。

今天「人間佛教」的弘傳已有相當的成就，但社會上的積習已深，而且社會風氣一波又一波，推陳出新，難以應付。「重視人生」應是什麼樣的人生？「強調生命」該是什麼樣的生命？拿捏之間也頗為不易。稍一不慎，隨波逐流，反而失去了主導性，所以本文特別以「生、命、轉、化」四個字作為新世諦。其目的，一方面呼應佛陀傳教的本懷，再融合中國哲學的工夫，一方面也為「人間佛教」的未來開展，提供一些在精神方面的原則。如果有讀者感覺本文在某些方面似乎越出了佛學的傳統思路，增加了許多儒、道的理想，事實上，這也正是本文的用意所在。佛家如果只墨守傳統教義，那麼它最多只是一條河川，橫過中國的土地，它的影響只能及於它流過的區域。但今天的「人間佛教」是以人間的大海為範圍，「有容乃大」，大海必須能容納百川，所以，「人間佛教」必須能兼容各家思想的優點特色，才能真正進入早已兼受各家思想影響的中國人心，也才能真正迎接未來思潮澎湃的多元性的社會。

中國的生命哲學如何轉化「業與再生」的思想

二〇〇三年春季，美國加州整體學研究所的亞洲比較研究系開了一門課，是由系內的所有教授和學生共同參與的，其中四位主講的教授，一位講印度哲學，一位講南傳小乘佛教，另一位講西藏佛教，而我則以中國哲學為主。這次討論的題目是業與再生。在印度哲學、小乘佛教、西藏佛教裡，業與再生的思想幾乎是最重要的部分，而成為它們整個信仰的基礎。中國哲學或中國文化在印度佛教傳入中土之前，根本沒有業與再生的思想。我當時和其他三位教授打趣的說：「中國哲學不講業與再生，所以在課堂中，我不必開口，只聽你們的演講。」聽了這話，他們都大為驚訝，也大為好奇。驚訝的是中國哲學裡居然沒有業與再生的思想。在他們眼中，沒有業與再生的思想，又如何能成為一個完美的哲學？好奇的是如果沒有業與再生的思想，中國人又如何能有信仰的生活、道德的修養？對於這些疑問，我也反躬自問，在印度佛教傳入之前，如果中國哲學沒有講業與再生，那麼中國哲學是否完全和業與再生的思想不同，甚至相反？或者中國哲學是否另有一種觀念，可以代替業與再生的思想？如果中國哲學裡有可以代替業與再生的思想，那麼，為什麼在印度佛教傳入中土之後，業與再生的思想也為中國人所接受，而且也成為中國人的信仰裡的一個重要部分？

為了這些疑問，本文試圖從儒、道兩家的思想來比較印度哲學和佛學裡的業與再生的學說。然而我個人的目的還不止於此，希望更進一層去發展中國人的那一套「安身立命」的生命轉化哲學。

一、「業」在印度哲學與佛教上的意義與中文翻譯的字義

㈠業的原意

「業」的梵文是Karma，它和因果、再生、輪迴的觀念連在一起，在佛教以前的印度文化中早已流傳，釋迦牟尼創教時，便引用這種思想，雖然有稍微的不同，但大致上是相似的，本文不在於論敘印度哲學和佛教的業觀，但為了研究中國哲學文化中有關業與再生的思想，所以必須把印度哲學和佛教的業觀作一個概括的提要，以便和中國思想作比較：

1. 業是一種行為，包括了身、口、意的三業。
2. 業行的作用繫於因果，業是因，也是果。
3. 業的果報是必然的、永恆的。善業必得善果，惡業必得惡果，不能互相抵銷。
4. 業的果報不只是現世，而是通貫三世，即過去、現在與未來。

5.業的三世流轉，即是輪迴。輪迴即生死，即再生。再生在於六道，即天、人、阿修羅、畜牲、餓鬼、地獄。

6.業是種子。它含藏了善，或含藏了惡，一直持續下去。沒有一個自我去負載它，也就是說它是完全獨立、客觀，而無我的。

7.業是一種氣。這種氣有大力量，它所產生業報的作用，不是任何事物能夠阻礙的。這種氣，就個人來說，是過去的習氣。在十二因緣的生死輪迴中，無明正是一種不易磨滅的習氣。在社會國家來說，凡是盛衰的運數，都是氣的作用。

8.業成為一種理論，主要目的是在倫理道德的強調。業報的善惡，就是為了勸人避惡趨善。

㈡業的中文字義

業，《說文解字》：「大版也，所以飾縣鐘鼓捷業如鋸齒，以白畫之。」段玉裁注：「凡程功積事言業者，如版上之刻，往往可計數也。」可見業的原意本與事績功業有關，所以這個「業」字在一般語文上的運用大約有以下數義：

1.事

《爾雅‧釋詁》：「業，事也。」「事」是一個極普通的字，但卻是在我們的生活上、宇宙的演化中，實實在在的存有。在西洋近代哲學中稱為事素（events），這和印度佛教所謂「造作」的業也是相當的。

2.事業

事業和前項「事」的不同，「事」是指一切發生的存有，而「事業」乃是指人的努力與成就。如《易經・坤・文言》：「美在其中而暢於四支，發於事業。」《易經・繫辭傳上》：「舉而措之天下之民謂之事業。」

3.功業

事業是指個人的成就，而功業是指這種成就對他人的有利的影響。《易經・繫辭傳下》：「功業見乎變。」易理是講由變而化，順變化而使萬物興起，萬民受益。這是中國人最高的理想。

4.學業

學之與業相聯，是因為學不只是個人的求知而已，而是與事業、功業相關的。《墨子・非儒下》：「夫一學術學業仁義也。」這是把學業放在道術和仁義之間，充分表顯出它作為橋樑的作用。《禮記・學記》：「君子如欲化民成俗，其必由學乎！」又說：「雖有至道，弗學不知其善也。」又說：「三年視敬業樂群。」可見學之為業，不僅是個人的敬業，而且是化民易俗的功業、求道的道業。

5.始業

業的重要不只是強調成果的功，而且注重開端的始。《爾雅・釋詁》：「業，緒也。」業之所以重其始，是因為我們的業重在動機，重在開始時的是否能合乎正道。這也正是《易經》「元亨利貞」的

「元」字的重要。

檢視以上中文「業」字的幾個重要意義，用它來翻譯梵文的 Karma，就造作或行為的意義來說，應算是恰當的。不過值得注意的是，中文的「業」字都是正面的、積極的意義，也就是說只是屬於善行的。對照佛學 Karma 有善、惡兩面的不同。在惡行方面，中文裡也有一個相類似的字，就是「孽」字。所謂「自作孽，不可活」，這相當於業報的必然，不可避免。這個「孽」字與「業」字語音正好相同，所以一般對佛學沒有研究的人說「造業」，他們的心中可能是指「造孽」。再就這個「孽」字的原義來看，是樹木的歧出，和庶出之子，如《公羊・襄二十七年注》：「庶孽，眾賤子，如樹之有孽生。」從這一孽字的意義，可以看出中國思想的惡，並非有惡的原罪，而是不由正道的意思。

二、在佛教傳入中土前，中國文化裡是否有「業」相似的思想

在漢代以前，中國古代哲學裡，沒有像印度那套業的思想，這是無庸置疑的。為什麼業的思想在中國古代不能產生？原因之一，可能是古代的中國人只講父母、子、孫的三代，而不講個人的過去、現在及未來的三世。因為講三代便無法用業的原理。業的原始意義是偏於個人的。前世的個人所造的業，到了今世產生果報，而今世的業，又到來世產生果報。可見業的流傳都是由個人來造作、來承受

的。雖然後來佛教也把業擴張到社會上，談共業。但佛教的基本教義仍然是對人而言的，希望每個人都能除欲、無我、去三毒，不造身口意的三業。這也就是說，佛教把修行佛法的關鍵仍然放在個人身上。至於中國的文化，包括政治、社會、哲學、教育、宗教都是以家庭為基礎。個人乃是融入了家庭中，而顯出的一種關係。譬如中國古代強調的五倫，君臣、父子、夫婦、兄弟、朋友中，哪裡有個「我」字？可是各個關係中，又處處都有個「我」字。君臣中有我，父子中有我，夫婦中有我，兄弟中有我，朋友中有我。而在這五倫中，至少三倫都屬於家庭的。可見家庭是中國古代社會最基本、也最重要的結構。

對應於印度的業，如果在中國尋求一個相似的觀念，只有到中國古代對家庭觀念中去找，其中最相似的說法乃是：「積善之家必有餘慶，積不善之家必有餘殃，臣弒其君、子弒其父，非一朝一夕之故，其由來者漸矣，由辨之不早辨也。」〈坤・文言〉這段話是孔子「十翼」的文字，當然在佛教傳入中土之前。這段話完全是講因果的關係，相當於佛學的業報之說，但這段話是以家庭為主軸，影響中國人的心理極深，即使印度佛教傳入之後，中國人也受佛教業報之說的影響，但中國人所談的業報，大半都是以家庭為著眼點的。也就是說中國人關心家庭的業報重於個人的業報，關心未來的子孫重於來生的個人。這種思想是有哲學及文化背景的，其原因如下：

(一)就《易經》的思想來看

傳統所說，《易經》的卦爻辭是周文王所繫，文王以他的聰明睿智，把中國人的一套心理觀念、思維系統，放入了《易經》之中，因而《易經》可以代表中國人的哲學思想、宗教信念。

1. 在易理上，一有陰陽，便入了現象界。所以每一卦都有陰陽爻，都屬於現象界，六十四卦的三百八十四爻都是就現實的人生、家庭、社會、政治來說的，也就是說《易經》的哲學表現了中國人的思想，只談今生，而不重視來世。

2. 運用《易經》時，雖然是個人占卜吉凶，但易理是講感應的作用，是講人與人、人與物、人與事，以及人與自然的相互關係。譬如每卦的六根爻，是上下的三對。即初爻與第四爻，二爻與第五爻，三爻與最上爻，其間的關係可當作君臣、父子、夫婦等。雖然在某一爻的本身上說是個人的，但這一爻的吉凶可與其相對的爻互為影響、共同分享。這也就是說個人的吉凶，也是家人的吉凶。

3. 易理中，不僅陰陽兩爻取象於剛柔，代表男女兩性，六十四卦中，很多卦都是婚姻和家庭關係的，如咸、恆、家人、歸妹等，而其中的爻辭，如「匪寇婚媾」、「勿用取女」、「開國承家」等句子，都經常出現。尤其八卦的象徵，除了以天、地、山、澤、水、火、雷、風的自然現象外，又以父、母、長男、長女、中男、中女、少男、少女的家庭成員為代表。傳說伏羲的時候已有家庭制度，雖然未必可靠，但六十四卦的重視家庭，以及反映了中國文化裡的家庭觀念，卻是極為明顯的。

(二)就中國文化的重人際關係來看

1. 如果只講個人的因果報應，那麼我做善事得好報，做壞事得惡報，這相當於印度業的果報。但我為什麼為善？是為了得善報；為什麼不作惡？是為了怕得惡報，這種為了個人有利而行善避惡的做法，就中國哲學重視人倫，強調兼善天下的大觀點來看，便顯得太自我中心，甚至有點自私了。假如有人不在乎將來，或來世的好惡報應，那麼這種理論對他便產生不了作用。這便是中國哲人之所以重犧牲、重責任的原因。

2. 中國文化重教育，中國哲學重道德。就教育和道德的原則來說，雖然也不離因果的法則，但教育和道德在因果法則之外，還有它們另一套更重要的法則，即學以為人及自由意志。就教育來說，孔子以前是官學，其本質乃是政治教育，當然是為了治人治世。自孔子開了私人講學之風後，諸子百家，按司馬談所說「一致百慮，同歸而殊途」，也是「務為治而已矣」。尤其孔子所開展的儒家教育，影響了近二千五百年來的中國傳統教育，其主要精神，也在經世濟民。其方法就是《大學》八條目的「格物、致知、誠意、正心、修身、齊家、治國、平天下」的一套教育步驟和政治理想。所以他們一談為學，就是為了濟世，而不重個人的善惡報應。再就道德來說，道德的原則最基本的是先要有自由意志。因為行善行惡，應該在一個人有自由意志時才有道德的價值。如果一個人為了得善報而行善，縱然行善是道德的行為，但為了貪圖善報而行善，這也就降低了道德的價值，因為儒家的道德學說乃是基於人性的必然，也就是說這是作為一個人應該做的，與將來得不得善報無關。孔子的「知其不可而為之」，就是這種精神。

3.中國傳統的這一套教育和道德的標準，都是希聖希賢，就儒家來說，也是君子之學。對於一般人來說，也不能陳義過高，要他們犧牲自己，為了別人；要他們自願行善，而無一點私心。這幾乎也不太合人的心理。所以中國聖哲為了折衷兩端，解決問題，提出了家庭以代替個人為基本的單位。中國傳統教育自幼童開始便教以灑掃應對，即是教孩子學習在日常生活中與人為善。家庭又是一個包含自我的基本單位，如我的父母、我的子女、我的家庭。因此為人及自我兩方面相互矛盾的觀念，卻在中國的家庭制度中調和起來，延續下去。

由以上所述可見，中國自古有一套和印度的業相似卻又不同的思想，這一套思想使中國沒有出現業的理論，也不會走入業的思路，然而卻也滿足了對業的需要。這就是由於中國人對家庭的重視。雖然其他民族和國家不能說不重視家庭，但中國人的家庭卻解決了很多哲學、宗教上的問題，所以我們研究中國哲學與印度佛學裡有關業的思想，必須從中國古代家庭觀念和制度中去探索。

三、從中國古代家庭觀念和制度中去探索和印度「業與再生」相似的思想

(一)家庭和諧是人生最大的幸福

由於中國傳統以家庭為最重要的結構，而整個人生的目的與快樂，乃是求家庭的幸福美滿。在家庭之外，其他如肉體的感官之樂，或精神的自由之樂，反而被視為次要的。或者，換句話說，其他的快樂都是圍繞著家庭，以家庭為中心而發展出來的。譬如孟子說：

君子有三樂，而王天下不與存焉。父母俱存，兄弟無故，一樂也；仰不愧於天，俯不怍於人，二樂也；得天下英才而教育之，三樂也。（《孟子・盡心上》）

這段話首先提出家庭之樂，其次是道德，再次是教育，可見家庭之樂的重要。而事實上在中國文化裡，道德與教育也是圍繞著家庭的。至於「王天下」的政治權力之樂，則等而下之，不屑一顧了。

檢視中國人之重視家庭之幸福快樂，有以下的三個特色：

1. 容易滿足

家庭的生活是人人都可以過的，不像「王天下」一樣，只有少數一二人才能做到，或「可取而代之」。家庭生活的快樂，也頗為簡單，只要柴米油鹽不缺，家人們都健康有工作，如大同社會的「男有分，女有歸」，男人都有適當的職業，女人都有美滿的婚姻，再加上兒女都能上進，便「有子萬事足」了。

在這樣一種以家庭為最高目標、最大幸福的文化結構下，很自然地培養出中國人容易滿足的個性，而且是強調知足常樂的德性。中國人追求人間的樂土，而人間的樂土自然是以人為本的，這個「人」，不是個人的人，而是家人的人。

2. 以和為真理

家庭的快樂最重要的是奠基於家人之間的和諧相處。我們常說追求真理，什麼是家庭的真理？其實家庭沒有什麼真理，家庭的和諧就是家庭的真理。因此中國人重視家庭就特別重視這個「和」字。「禮以和為貴」，中國聖哲根據家庭為基礎而建立的一套禮的制度就在於一個和字。周公制禮作樂，樂也是中國古代文化的一大特色。中國古代的音樂不像西方的音樂和現代的音樂，而是配合了禮制，是輔助禮的和諧，所以古代的音樂都用在祭祀的大典中。古代的樂又和德關係密切，音樂教育也即德行的教育。音樂的教育在和字，德行的教育也在和字。這個「和」字，由家庭而擴充到宇宙天地之間，所以音樂重神人以和，德行更重天人和合。

3. 以親情為主

家庭最可貴的是親情。中國文化以家庭為主而培養出一種情的文化。情重法理，法不離人情，這是中國人對情的重視。所以人情兩字是中國人判斷任何事物的一個最重要的觀點，西方人講人權，中國人卻講人情。中國的歷史、政治、宗教都建立在人情之上。

中國人更把人情推擴到宇宙上去，把天比作父，地比作母，其間的萬物都是我們的同胞同類，所謂「民吾同胞，物我與也」。這樣一來，中國人所面對的自然界，不是唯物的機械結構，也不是神秘的玄妙境界，而是充滿了溫情的宇宙家庭。

(二)家庭教育培養了德性的修養

中國文化自始以家庭為基本結構，因此傳統的教育也以家庭為中心。中國古代教育最主要的是以學禮為內容。孔子「十五志於學」所學的是禮，而中國的禮教最基本就在家庭。一切道德就是從家庭中發展出來的。在英文 ethics 和 morality 意義相通，在古代都來自宗教的薰陶。可是在中文倫理道德常連在一起，道德植根於倫理。而倫理乃是人倫之理，是從家庭中產生的，所以中國的德性修養來自家庭，其特色如下：

1. 德性的訓練

一個人的道德觀念不是天生的，即使如孟子主張性善，那只是指性中有善端而已，把這一點善端開發出來，仍然需要後天的努力灌溉。在中國文化裡，對於這種德性的開發培育，最重要的起點就是在家庭中。儒家所謂「灑掃應對」、「入則孝，出則悌」，這是認為道德的訓練在家庭中。而道德的訓練最重要的是孝道。在私塾或學校中所教授的是知識或禮制，而在家庭中，卻是耳濡目染的、親身實踐的，父母夫婦兄弟姊妹都是涵養德性的磨石。

2. 齊家是內聖外王的關鍵

中國哲學講內聖外王的工夫。這「內聖外王」四字都為儒家所強調，但這四字最早卻見之於《莊子．天下》中，可見這種理想也為道家所推崇。把內聖外王講得具體一點就是《大學》的「格物、致知、誠意、正心、修身、齊家、治國、平天下」的八條目。在這八條目中，齊家的前段是內聖，齊家的後段是外王。可見齊家乃是內聖外王的樞紐。在前段的格物到修身的工夫，如果不通過齊家，由齊家而治國平天下，便只能獨善其身，而無法兼善天下。修身之通向齊家，因為齊家是人倫的關係的和諧，這樣一來，修身便能在人倫關係中磨鍊，同時齊家又是社會安定的基礎，可見齊家在個人修養及經國濟民中的重要。

3. 家庭觀念培養了犧牲和負責的重要德性

要維持家庭的和諧，必須每個家庭的成員都懂得犧牲。就是說父母為子女而犧牲，同樣，子女為父母而犧牲。由於父母為子女而犧牲，所以上一代為了下一代，下一代比上一代更好，這樣整個社會才有新的、好的發展；做子女的為父母而犧牲，能感恩圖報，這樣社會的發展才有意義、有價值。雖然犧牲兩字對個人來說有點負面或消極的意義，但由犧牲的精神而培養出的負責任的態度，卻是正面的、積極的。犧牲和負責是所有德行中兩個最重要的元素，也是社會健全安定的兩個最基本的動力。但這兩種精神和態度都是最早從家庭中培養出來的，因為為家人犧牲，為家庭負責，這是人之常情，是最自然的，而由「老吾老以及人之老，幼吾幼以及人之幼」擴張出來，便是「推己及人」、「兼善天下」的美德了。

㈢家庭的延續形成了人道的宗教思想

中國古代的家庭並不是指只有夫婦兒女的迷你家庭，而是貫串了過去世代及未來世代的整個家族的歷史。所以中國古代的家庭觀念著重在祖宗的祭祀與子孫的繼承，這就構成了中國特有的一種宗教思想。這和其他宗教不同之處如下：

1. 以倫理為主軸

世界上任何一種宗教都有它們基本教義，有的強調天啟的神的誡諭如基督教，有的提倡自我的持戒與修鍊如佛教。它們不是借助於外在超自我的力量，便是憑藉於自力的克欲的工夫。只有中國古代的這種人道的宗教觀念，乃是以家庭倫理為教義，講仁講恕，盡孝盡悌，這裡的仁相當於其他宗教的愛，恕相當於寬宥，但仁和恕卻來自於家庭的倫理的德行。

2. 祖先為神明

這種中國古代的宗教以祖先為神明、為教主；以祖宗的祠堂為廟宇、為教堂。今生的榮華富貴靠祖先的福祓；今日遇到了困難挫折，也求祖先的保佑。很多傳統的家庭都把祖先的牌位安置在客廳中，時時燒香禮敬，一方面表達對祖先的感恩，一方面也祈求祖先的福佑，所以祖先的神明與子孫的日常生活永遠連結在一起。

3. 子孫的綿延為再生

家族的綿延也正是個人生命的延續，這是中國古代宗教和哲學的一大特色。宗教最主要的課題就是為人類解決死亡的問題，無論是天堂或淨土，都是為人們的死後尋找歸宿。中國傳統的思想把個人死後的問題轉移到家庭的延續問題，也就是說，以子孫的繼承代替個人生命的不朽。因為自己雖然死亡，但子孫的代代祭祀不絕，就如同自己的生命永遠活在子孫的心中。

從以上中國傳統家庭所形成的宗教觀念，使得中國人對特殊宗教的需求，不像西方人那樣的強烈。因為我們對家庭延續的重視，減輕了我們對死後的恐懼與來生的期盼。同時，也增加了我們對此生的意義與責任感。這種特色形成了中國文化的主流思想，也是儒家學說的基礎。在歷史上，這種思想和儒家學說可說是相互影響、交相作用的。也就是說這種思想形成了儒家學說，而儒家學說也指導和助成這種人道宗教的生活。

四、儒家思想和「業與再生」的觀念

(一)儒家與宗教思想

儒家思想雖然應該以孔子為主，再由孔門弟子及子思、孟子、荀子等為輔，但儒家所承襲而且被尊為道統的堯、舜、禹、湯、文、武、周公所流傳的五經，也可視為儒家思想的代表。這些都是原始的儒家思想，影響了整個中國文化的主流。此後佛學進入中土，由漢末魏晉南北朝至隋唐，獨盛了幾近一千多年，然後到宋明，才有程、朱、陸、王等新一代儒家的興起，他們雖然排佛，但在理論方面卻步佛學的後塵，講理、講氣、講心，多涉於心性玄談。至於在精神氣象方面，只是追溯原始儒家，並無新的建樹。所以今天我們談儒家特色，仍以原始儒家為主，說明白一點，即堯、舜的道統，及孔、孟的思想。

研究堯、舜、禹、湯、文、武、周公的道統思想，今天最主要的資料就是六經，其中《樂經》佚失，所以只有五經。就五經來看其中沒有神話，沒有濃厚的宗教色彩。雖然上帝是當時的至高的神明，但上帝所司管的是下雨、水旱等災禍，及賜福等，這都是一般性的信仰，而不是特殊宗教上的神明。在《詩經》和《書經》兩書中，談到上帝只有八十五次，而談到天字的，就有三百三十六次之多，這也顯明了中國哲學的發展，逐漸由天代替上帝，直到孔、孟、老、莊的諸子思想，便不言上帝，而只講天，只強調道了，這也即是中國哲學之所以從本源上不致走入濃厚的宗教路子的特色。

再就孔子思想來看，在《論語》中說他「不語怪力亂神」，的確在整本《論語》中他沒有涉及宗教的神明之事，但他也數次談到天，而自認「五十而知天命」。可見他仍然有某種程度的宗教精神和信念。在《易經》的「十翼」中，他又屢言「神道設教」。這與他的「不語怪力亂神」，好像有矛盾。其實「不語怪力亂神」的一般注解是「不語：怪、力、亂、神」，這樣便等於說孔子不語神明了。但孔子也明言「祭神如神在」。儒家講祭禮，講祖宗鬼神，所以孔子不能不語神。所以這句話應標點為「子不語怪力、亂神」。也就是說孔子不談那些迷信的亂神之事。在中國哲學裡「神」字含有神明、神靈、神性、精神等意義。那麼神如果是指我們的「精神」，這句話又可解為「子不語怪力亂『神』」，即指以怪力去亂了精神之事。對應《易經》「十翼」的「神道設教」，並非指以神明去立宗教信仰，而是以精神去設立教化，即建立精神信仰。這與張載的「為生民立命」所指建立人民的精神生命是相通的。

由上所述，可見孔子對宗教的態度，是不過分強調，也不會反對。他沒有具體的宗教言論，卻有深微的宗教精神。孔子對於自己所不知或不甚知的事，非常小心，而不輕言，不多談，所謂「毋意，毋必，毋固，毋我」。所以子路問死，他便說「未知生，焉知死」。那麼「業」和「再生」是涉及一個人的前生與來生，不是我們今生所能看得到的，如果貿然去談它，不免有「意」；如果不是真正的知，而信誓旦旦，便不免有「必」，所以孔子不願去談。不過話又說回來，在孔子當時，根本沒有「業」和

「再生」的觀念。也就是說這種觀念根本不存在於一般人的思想信仰裡，當然孔子也不可能去談了。然而不談和不存在是事實，但在事實的背後，必然有值得我們探索之處，也就是說孔子雖不談，但孔子思想中是否有相似於「業」和「再生」的觀念？這種「業」和「再生」的觀念雖然不存在於當時，但儒家思想中是否有可以代替「業」和「再生」觀念的另一種觀念，足以使中國人能夠「安身立命」呢？這就是下面我們所要探討的。

㈡儒家思想中有相似於「業」和「再生」思想

1. 和「業」相似

印度「業」的基本意義有兩點，一是造作義，即造業；一是作用義，即行業。這就是說業是由人造作的，而造作之後業，有持續存在、必然影響的作用。類似這種觀念的「業」，在孔子《論語》中有個「事」字，「十翼」中有個「業」字，此處的「事」和「業」意義相通，都是為我們所作，也都有持續的影響作用。對於個人所作的「事」，當然有善、有惡。孔子對於這個「事」，持敬的態度，所謂「敬其事」。敬在內心來說，即是誠。在行事的開端處，存之以誠心，然後以持敬的態度來行之，自然是有善而無惡，這在個人來說，就是事業，對社會國家有利來說，就是功業。所以儒家裡的「事」或「業」就今生現世來說，不僅和印度的「業」相似，而且更為積極。

2. 和「再生」相似

就印度及佛教思想來說，「再生」也是負面的意思，因為有了「再生」，又回到生死輪迴、六道輪迴中去過痛苦的生活，所以印度教中藉祈禱以不求再生，佛教中也要藉修鍊持戒以斬斷輪迴之業。他們的目的就是為了生命的超昇以達不朽之境，也即是所謂的涅槃。在這「不朽」一點，儒家也有相似的思想，只是不重生命的不朽，而重精神的不朽。孔子說：「君子疾沒世而名不稱。」（《論語・衛靈公》）這種死後之名，即功業的不朽。這種功業包括了立德、立功與立言。《左傳》中曾記載：「豹聞之：『太上有立德，其次有立功，其次有立言。雖久不廢，此謂之不朽。』」這三不朽影響了中國社會，而形成了一種民間的宗教，如關羽以重義立德而成神，夏禹以治水立功而成神，孔子以文教立言也變成孔廟中的神。印度思想和佛教教義講再生，卻為了超脫再生而進入永恆之境，中國哲學不講再生，卻藉功業的常存而達精神的不朽。其間有不同之處，也有相似之點。在這不同與相似之間的微妙關係，正顯示了儒家思想不談「業與再生」，卻也有可以代替「業與再生」的一套思想。

(三)儒家思想中有代替，和揚棄「業與再生」的觀念和工夫

這個標題上用了「代替」和「揚棄」兩個詞語。「代替」是指有了這種觀念，可以代替「業與再生」的思想，使這種思想不成為我們的需求。「揚棄」是指有了這種工夫，即使有「業與再生」的思想，也影響不了我們，甚至為我們所拋棄。這種觀念就是儒家的「天命」思想。

天命一詞是由天和命兩字的結合。天字在中國哲學和一般人的觀念中，非常複雜。有上帝、神祇、

天道、天理、自然等各種涵義。總之是一種至高無上，超越我們認識的一種存在和作用。這個命字也有多種涵義，如生命、天命、運命、命令等。

天命兩字的結合，最基本的就有三義，即天的賦予或命令、天的運命，和天的生命。最早用天命兩字，而且用得很多的是《書經》，如：

天命有德。〈皐陶謨〉

天其申命用休。〈益稷〉

天命殛之。〈湯誓〉

恪謹天命。〈盤庚〉

天既孚命正厥德。〈高宗肜日〉

我生不有命在天。〈西伯戡黎〉

弗造哲，迪民康，矧曰其有能格知天命。〈大誥〉

爽邦由哲，亦惟十人，迪知上帝命。……爾亦不知天命不易。〈大誥〉

亦惟助王宅天命，作新民。〈康誥〉

自貽哲命，今天其命哲，命吉凶，命歷年。……祈天永命。〈召誥〉

天命自度，治民祗懼。〈無逸〉

不知天命不易，天難諶，乃其墜命。（〈君奭〉）

天不可信，我道惟寧王德延，天不庸釋于文王受命。（〈君奭〉）

非天不中，惟人在命。（〈呂刑〉）

從以上所引文字來看，天命有以下涵義：

1. 天似上帝，可說由上帝轉化而來。
2. 天是高深的，不能由人去臆測。
3. 天命是天的作用，是永恆不易的。
4. 天降命於人，是人的性、人的德、人的命，也是人的命運。
5. 知命即知天賦予的命。

從以上各點來看，中國哲學裡的天命正介於西方宗教的上帝和印度佛教的業之間。它一方面像上帝一樣降命於人，但卻沒有上帝那樣的威權；另一方面像業一樣通貫於我們的命運，但卻不受制於命運。

天命和命運有非常密切的關係。就其相關處來說，天命也就是我們的命運。事實上，命運也是天所命的，由生到死，其間一切的變化，吉凶禍福，都是命運。當然這都是天生註定的。但一般相信命運的宿命論者，只自限於命運，認為人只有受命運的擺佈，而無法自拔。他們認命，而不求知命。孔子說：「不知命，無以為君子。」可見知命是有深入意義的。「知命」的命有兩義，一是命運，一是天命。前面我們已說過天命與命運本是描寫同一事實，從人的觀點來看，而受制於這個事實，這是命運；由人的觀點提昇到天的層次來反觀這個事實，不受制這個事實，就是天命。說明白一點，知命乃是透過了天命來認識命運。所謂天命乃是在命運上開一個天窗，讓我們能透出去看看命運之上究竟是什麼，當我們向上透出去之後，才知道烏雲之上還有一片青天。這時，我們與天相契相通之後，再回看自己的命運，便另有一番認識，另有一番意義。雖然這並不能改變生死的必然，也並不一定能改變其間的許多吉凶禍福，但卻能改變我們對它們的態度和處理方法。這時，我們好像得到天的命令般，勇敢的、坦蕩的去走這一條也許是註定好的路，這就是天命。

有深度的儒家，也就是所謂的君子儒吧！他們能知命，能體認天命，而不受命運的擺佈和影響。他們把自己已遭遇的一切，當作天的任命，而樂天知命的坦然接受，「不怨天，不尤人」。對於自己的未來可以預想，而未必能確知的一切，也當作天的任命，盡其在我的全力以赴，「下學而上達」，這就是由知命、體天命，而能承天命而行。

一般人未必能知命、承天命，因此便會落下來，講命運。這是中國人喜歡相信命運的現象。所以自《易經》由事理占卜變成算命占卜後，各種算命的書，如梅花易、紫微斗數、諸葛神算，以及風水、面相、掌紋、摸骨等應運而生，無論這些方術有它們自己的一套理論，或充滿了神秘色彩，或流於迷信的騙術，但都是迎合中國人相信命運的這一心理事實。不過中國人相信命運，固然相信人生一切吉凶禍福都是註定的，但卻相信在這一切的背後，冥冥中有一股力量，這股力量就是命，就是天。所以一般人的命運觀也觸及了天命。他們和真正儒家不同的是：儒家是靠自己的智慧、修養去知天命，而能坦蕩蕩的行；而一般人卻把天命寄託在命運的術數，他們最多只是信天命，而聽命運而行。

自印度佛教傳入中土之後，「業」的觀念便在民間流行。中國人信命運，他們也把「業」當作命運來信仰。命運是註定的，業也是註定的。就這註定的一點來論，命運是業，業就是命運，兩者沒有差別。但把命運往上推觸及了天，把業往前推觸及了前世，兩者便有顯著的不同，有如以下各點：

1. 天命有超然的力量，有如神明，能「神而明之」。而業是過去世所造的，對於過去世，我們卻冥然不知，既不神，也不明。

2. 信天命，能奉天命而行，將給予我們行的勇氣和動力。信業報，對於過去世的業果，只有全盤的接受，而得不到支持的力量。

3. 天降人以性、以德，因此由性和德可通向天命，而致天人合一。業純由個人所造，雖然也能影響人，但總結起來，仍屬個人的果報，限於人，而不能通天。

4. 天命是純然至善的，故能生生不已。業則有善惡的不同，雖有持續性，但惡的持續或果報，畢竟是負面的；至於善的持續或果報，也因此生受報之後，便逐漸消失或沖淡，不像天命之至善，行健不息。

5. 今生為善，卻不得善果，甚至還有惡報。對於信天命的人，只強調為善是天之命，而不在乎果報之善惡。信業的人，卻把惡報推之於前生，今生只有無可奈何的接受。

6.天命之說重在今生，不談前生與來生。業則必須通串前生、今生和來生才能產生作用。

五、道家思想和「業與再生」的觀念

㈠道家與道教

在中國古代，道家與道教常混為一談，正如英文的Taoism包含了兩者。直到近代學者發現道家與道教雖然同樣以道為主，以老莊為祖，但就它們的最終理想、學說主旨及實踐方法來說，卻大異其趣。簡單的說，道家是一種哲學思想，道教卻是一種宗教活動。道家以老莊為主，歷代精研老莊思想者，都為學者，都醉心於無為政治、恬淡無欲的旨趣。道教只是附會老莊，把老莊之書當經典來唸誦，最多只是掇拾老莊的一些文句及片斷的觀念來曲意的運用，再結合了中國古代社會的一些民間信仰，而形成的一種宗教活動。其中高明者，向上發展，偏向於隱士思想，可說近於老莊；而一般術數者，向下流傳，形成民間信仰，非常複雜。就宗教形式來說，有時和佛教的民間活動混淆不清。總之，這是一種整體的中國民間的宗教。

就道家哲學來說，雖然與儒家不同，但共育於中國文化的溫床中，所以它們的精神旨趣卻是相通的。因此道家哲學對於「業與再生」的思想也是超然而不相應的。也就是說，根本不談三世的業，當然更不會涉及六道輪迴的再生之說了。至於道教由於是民間的信仰活動，沒有強有力的中心哲學的指導，因此有時受世俗迷信的影響，混雜了「業與再生」及六道輪迴的思想，甚至曲解了，或者自創了許多「業與再生」的觀念和例證。

(二)老子思想和「業與再生」

1. 老子思想的特色

談到老子思想，我們首先必須澄清老子不是道教中那位神化了的太上老君，或騎牛出關，甚至到了印度。老子就是《道德經》，老子思想就是《道德經》的思想，除了《道德經》，別無老子，別無老子思想。《道德經》就是老子寫出他的經驗和看法來，提供給君主們如何以道治國。當然其中講無為的政術，同時，也涉及許多無為的修養思想。它和儒家一樣，都影響了二千多年來的中國的文化、哲學、政治與人生。

2. 老子和「業與再生」相似的思想

平心而論，在《老子》全書中，實在找不出和「業與再生」相同的話題，如果勉強的去找，也許可以發現一些句子，如「大兵之後，必有凶年」，因為「其事好還」（三十章），「好還」是指報應。老子反對戰爭，說明從事殺戮者必然會得到不好的報應。又如「夫代司殺者殺，是謂代大匠斲。夫代大匠斲，希有不傷其手矣」（七十四章），這是指萬物的生死是自然的現象，人為的殺戮，也會得到傷害自身的報應。又如「和大怨，必有餘怨」（七十九章），這是指傷人的怨恨已成，便很難化解，這和業的持續，不易消滅一樣。事實上，老子思想和「業與再生」所以有相似的一些觀點，是在於因果的原則。老子的道在現象界也是有規則可循的，稱為「道紀」。這個「紀」字就可相通於因果的「業」了。

3. 老子和「業與再生」不同的思想

如果說老子不談「業與再生」，即是說根本沒有這個問題，因此也就無所謂相似，無所謂不同。換另一種說法，既然沒有談「業與再生」，那麼，老子所有的思想都和「業與再生」不同，這也是合乎邏輯的說法。照這樣的話，全部老子思想都和「業與再生」無關，我們就無從談起了。所以這裡，我們縮小範圍，僅就「業與再生」的特色，從老子的幾個重要觀念，說明由這些觀念，使老子思想不會產生「業與再生」的理論。

1. 道法自然

前面曾說道在現象界是有規則的，有因果的，但道的體性是自然的，所以它的規則、因果卻又是自然而然，不著人為的。至於業是人造的，是有意志的。老子強調道的自然，因此他反對人為、排除意志，一任萬物自然變化。雖然在變化中有因果，但這個因果也是自然的。換句話說，老子是自然的因果，業乃是人為的因果。

2. 上德不德

由於天道自然，所以人之至德乃是遵循自然之道，如老子所謂：「人法地，地法天，天法道，道法自然。」（二十五章）約歸來說，就是人法自然。如何法自然？在《老子》書中，方法很多，在這裡，我們就「業」的作用來講，業是有善惡的，而這種善惡是倫理道德的，是非相對而分明的，可是老子對於這種善惡卻是超越的，所謂「天下皆知善之為善，斯不善已」（二章），又說「上德不德，是以有德」（三十八章）。也就是說老子要超脫相對性的善惡觀或善惡的行為，換句話說，即是要打破「業」的拘限。

3. 知足常足

無為自然在人的生活上便是「無知無欲」（三章）。這句話常被誤解為沒有知識，沒有欲望。其實老子原意是沒有爭競之知，沒有自私之欲。但這只是一種境界，做起來乃是「少私寡欲」（十九章）而已。正面來說，就是知止知足，所謂「禍莫大於不知足，咎莫大於欲得，故知足之足常足矣」（四十六章）。「無知」者是知足，「無欲」者是「不欲得」，在這樣一種人生態度上，也就不會斤斤於業報，貪圖再生了。

就「業」來說，在十二因緣的系統中：「無明、行、識、名色、六入、觸、受、取、愛、生、老死。」「無明」是前生的業種，到了胎藏中，便形成了業行、業識，而影響今生。「取」和「愛」是佔有和欲愛，是過去的業在心中作祟，再因貪癡，而造了今生的業。因此對付業的方法，最根本的一種是反扣回去挖掉最開端的無明，這一步在大乘般若思想中便是這樣去做的，如《心經》的：「無無明，亦無無明盡。」其次的方法是在現實生活中消除貪瞋癡的三毒，也就是在今生的「取」和「愛」上下工夫。就這兩個方法來說，前者雖然境界甚高，卻不是一般人所能做到的，中國的禪宗是在這方面下手的，但真正能做到而能頓悟的人又有多少。後者是一般人可以修行的。但要徹底消滅貪瞋癡也非易事，至少也要有羅漢的功力。至於一般人最多只能做到減少貪瞋癡而已，這一點與老子的少私寡欲是異曲同工的了。

不過就「業與再生」的理論來說，種善業得善報，這是因果的法則。可是倒過來，為了善報而造善業，這是倒果為因，其間便滲進了私欲。很多人為了業報而積善業，他們所希冀的業報是來生的大富大貴，為公為卿。就世法來說，勉人為善，也有正面的意義。可是以佛法的真義來說，他們仍然有私欲，所以造了業，就離不了輪迴，始終達不到究竟涅槃之境。

就老子的「少私寡欲」、「知足常足」來說，是面對欲望本身的知止知足。根本上，不貪圖業報，不求再生。對於今生的一切都能知足常樂，哪裡還有夢想來生的榮華富貴，所以老子的「知止知足」、「少私寡欲」，不像斷滅三毒、破除無明那樣的徹底，但也繞過了「業與再生」的圈子，而不致落於欲望的輪迴了。

(三)莊子思想和「業與再生」

1. 莊子思想的特色

莊子思想乃是指《莊子》一書的思想。由於《莊子》一書有〈內〉、〈外〉、〈雜〉三篇，非常複雜。但一般研究《莊子》的學者，都公認〈內〉七篇為莊子自著，其他〈外〉、〈雜〉篇，內容參差不齊，只能當作莊子思想的輔助。

莊子和老子同屬道家，有如雙峰對峙，道家和儒家一樣影響了二千多年來的中國文化、政治、哲學和人生。不過莊子的著重點和老子不同，老子偏於政道，影響漢初的黃老之治，也影響後世的兵法政術。莊子則偏於個人的修養，解脫世累，以追求精神的自由逍遙。因此莊子思想在這方面比老子更近乎印度的宗教和佛學的思想。

2. 莊子和「業與再生」思想的相似

莊子和老子一樣沒有談到「業與再生」的善惡報應、六道輪迴。但莊子是屬於精神修養的思想，一般近代學者都把他和神秘主義連在一起，因此我們也可以試著去發掘在「業與再生」背後的一些相似的觀念。

業的一個特色是人們所作的行為是不滅的，但事實上，我們的行為時時刻刻在作在滅，而不滅的是指那個隱藏在行為之中的業，或者說是萬象變遷中的那個不變的因子。在唯識論中，就是那個含藏的種子。在佛學中，也指這個種子是業。檢視莊子思想中，也有類似這個業的種子，也是不滅的，叫做「機」，如莊子說：「萬物皆出於機，皆入於機。」（〈至樂〉）這個「機」乃是極細的種子的性能，含藏在萬物生化的變動中，如莊子又說：「種有幾，得水則為㡭，……久竹生青寧，青寧生程，程生馬，馬生人，人又反入於機。」(〈至樂〉) 可見這個機，變為微生物，變為動物，變為人，相似於業的種子的流轉。

3. 莊子和「業與再生」思想的不同

莊子思想是一套宇宙論、形而上，和人生哲學混成的體系。儘管莊子無所不談，但也明言「六合之外，存而不論」。因此莊子沒有興趣談看不見的過去世與未來世。莊子和其他中國的哲學家們一樣，只重視今生。這是和「業與再生」不同的。在佛學中，以個人生死的大限來看，把人的生前劃為過去世，把死後劃分為未來世。就個人來說，看不見這兩世，就我的親戚朋友及和我同時生存的人來說，也看不到我的這兩世，同樣，我也看不到他們的這兩世。這是一個宗教的、神秘的境界，所以莊子不談。

就莊子宇宙大化的思想來看，個人的生死只是萬物變化中的一個極小部分，就像花開花謝，這一朵花雖然落了，但變成泥土，又化生了新花。同樣，一隻兔子死了後，變成其他的有機物，仍在自然界流轉。人，和其他動植物一樣，在宇宙的大化中，人類的生生死死、死死生生，除了他們的子嗣，仍然以人類的形體流傳；他們的軀體卻與萬物的形體相嬗變，如莊子所說：「假於異物，託於同體，忘其肝膽，遺其耳目，反復終始，不知端倪。」(〈大宗師〉) 這是因為萬物和人「以不同形相禪」，這是宇宙大化的自然如此，並沒有「業與再生」的有意作為。莊子還說了另一個譬喻：「今之大冶鑄金，金踊躍曰：『我必且為鏌鋣。』大冶必以為不祥之金。今一犯人之形，而曰：『人耳！人耳。』夫造化者，必以為不祥之人。今一以天地為大鑪、以造化為大冶，惡乎往而不可哉！」(〈大宗師〉)這不正說明了我們現在種善因、造善業，希望來生再做人，做個大富大貴的人，這是違反了自然，只是欲望的夢想罷了！

那麼，這個大冶又是誰呢？在萬物變化中，是否有一個主宰呢？莊子並沒有觸及這一點。他只是從兩方面去解決問題，一方面是從大化來看宇宙只是一氣的流衍。由氣的凝聚、擴散而形成萬物，也形成萬物的生死變化，這一氣的流衍是大化，是自然，是天，也是命，其中並沒有一個主宰。另一方面，莊子認為人在宇宙萬物中是有心的，既然有心，就有形體的心(心臟)、意識的心(情意)、智力的心(心知)，和精神的心(真心)。人可以憑修鍊，在心上下工夫，使自己把肉體的片斷生死，融入宇宙的大化中，而超脫個人意識及物質形體的生死，這就是真心。人達到真心後，便能體現真我，而此時觀照宇宙萬物，無論一鳥一蝶，一花一草，都有它們的真我。此時即莊子最高的境界：「天地與我並生，萬物與我為一。」(〈齊物論〉)從這段敘述中，可見莊子一面寫宇宙大化是自然，而無主宰；一面又直指人有真心，是真宰、真君、真我。由這個真心去點化宇宙萬物，便使宇宙萬物都顯露真心，而成為一個真真實實的世界。這是莊子思想的中心旨趣。

上面，我們提出莊子的這套思想，究竟和「業與再生」的理論又有什麼關係呢？事實上，印度傳統思想和佛教思想之間有個極大的差別，前者主梵我，即宇宙有真我，人也有真我。後者主無我，所謂「諸行無常，諸法無我」，即宇宙和人都無真我。因此這兩者對於「業」也產生不同的看法，如前者

（正論、勝論等派），認為業還要靠上帝或真宰來指導和管制；後者（佛教、耆那教）認為業完全是自發的，沒有真宰或真我。在這裡，和莊子思想來比較，莊子一面否定了管制萬物的上帝或真宰，認為大化是自然，也即自發的；一面又和佛教的無我論不同，認為萬物與人都有個內在的真宰、真君，或真我。

其實就佛教的業的無我論來說，還有很大的爭論。如果真的無我，只有業在那裡輪迴的話，那麼今生的我造了善業或惡業，這個業到了來生作用在一個與我不相關的人物身上，今生的我與來生的人物沒有生命相連，意識相通，只有業的變現，那麼來生人物所受的一切，與現在的我又有什麼關係。這正同莊子的譬喻我們死了之後，埋在地下給螻蟻吃，或陳在地上供鷹鳥食，這與我又有何功德可言？因此業報之說所以有意義，還在於伴隨著業的畢竟有一個我，來生有一個我，再生有一個我，輪迴有一個我。即使形體不同，內容不同，總還有一個我的真心持續著、貫串著，無論我們稱它為靈魂不朽也好，神識不滅也好，總之，除了業之外，還有一個心、識，或神來觀照、來承受。對於這個問題，在佛教「業與再生」的理論上並未清楚的說明，而莊子的思想卻提供了一種新的思維。即無論是善惡業報，因果循環，在這個宇宙大化中，都融入自然中，這並不是說沒有業報，沒有因果，而是在它們融入自然中之後，不講業報，不講因果，更不是為了善報而行善、善果而種因的有所為而為。至於人有真心，真心能觀照整個宇宙大化，使個人的真我，與萬物的真我共遊。這個世界是今生的，也只有今生。所有萬物的三世都融在這今生之中。所以按照莊子的思想，「業與再生」根本不是問題，不成問題，因為「業」只是大化的一種勢、能；「再生」或「輪迴」，也只是萬物「以不同形相禪」而已。

(四)道教和「業與再生」的思想

1. 道教是中國本土的宗教，比起儒、佛兩家來，道教欠缺一位像孔子或釋迦牟尼一樣偉大的創始者。雖然道教把老子抬出來當教祖，但老子的原義和宗教不相關，真正道教正統的始祖是張道陵。他的智慧和成就，以及對後世的影響，都不能和孔、釋相提並論。道教後來形成各種不同的派別，其間也出了不少有名的道士，但就思想的獨創性、理論的周全性來說，由於他們不能自脫於神秘的色彩，因此始終不能進入哲學思想的堂奧。

道教由於是本土的宗教，它汲取了民間各種不同的信仰，也吸收了儒、佛、道家各種學說，雖然不免複雜，不免膚淺，但也有它的特色，就是把道教思想輸入民間。其正面的影響有二：一是道教的長生思想雖然並不為一般人所接受，但延年益壽的養生方法，卻為大家所運用。二是由道教推擴的神鬼思想，賞善罰惡，深植人心。

2. 道教和「業與再生」的思想

道教的產生與佛教的傳入幾乎都在漢末時期前後，因此在歷史的發展上，它們都是同時並進的。雖然時有佛、道之爭，但在民間，兩方面的思想卻長期的互相混雜。所以「業與再生」思想可說完全為民間的信仰所吸收，有如以下的特色：

⑴善惡的報應

在中國民間的信仰中，勸人為善戒惡，最重要的方法就是善惡報應。所謂「善有善報，惡有惡報，不是不報，時辰未到」。這種報應的道理再附會了許多傳說故事，描寫神鬼的賞善罰惡，甚至還有學者們的著作，如蒲松齡的《聊齋誌異》、紀曉嵐的《閱微草堂筆記》等。

⑵再生與投胎

在佛教中，再生即是進入六道輪迴。今生做了惡業，便會入地獄、餓鬼、畜生三道，當然沒有人喜歡這三道的再生。另外三道，阿修羅、人，和天。阿修羅是好戰的魔道，中國人不多談阿修羅道，而講五道。修善業，則能進入人和天二道。上天道，當然不錯，但我們對天道所知有限，所以中國人最關注的還是人道，也就是再投胎為人。道教吸收了輪迴之說，多談投胎。投胎包括了人、畜二道。這二道都在人世間。在人道中，固然有積善積惡的果報，而在畜道中，也有為惡的懲罰，及轉世報恩的警世作用。

⑶天堂地獄的展現

中國古代的天除了理、自然外，也有神的意思。但這些神都是指天地山川風雷等的神靈。在《莊子》書中也談到神，也都是寄託在崑崙，或星宿上的神明。到了漢代神仙思想逐漸興起，而成為道教的主軸。此後佛教的六道輪迴思想進入民間，三十三重天堂，十八層地獄的說法也流傳民間，因此道教的神仙天境和佛教的天堂也都混雜在民間的信仰中。有趣的是中國人喜歡天堂，因此在天堂中的神仙都是中國人自創的，如玉皇大帝、王母娘娘、南極仙翁等。而地獄由於中國人不喜歡，都直接從印度搬過來，如閻王、黑白無常等。

3. 道教和「業與再生」思想的不同

道教雖然在民間信仰上不自覺的採取了「業與再生」的思想，但在道教的基本觀念上由於來自中國文化和哲學的洗禮，因此在主要教義上又呈現了許多與印度思想不同的特色，如：

(1)道教雖然和印度佛教的業報觀念相同，也講「禍福無門，惟人自召；善惡之報，如影隨形」(〈太上感應篇〉)。不過依據佛教的業雖然是人造的，但造了業後，變成種子流傳下來，永遠不滅。在印度傳統的業，還有上帝來管制，可是佛教上不講神，也不講我，因此這個業便完全獨立，無人管束。說得好一點，是鐵面無私，沒有人性人情。但在業的流傳中，是否會變質，是否有問題，誰也管不了。所以道教根據中國人相信天神的觀念，提出神來掌管業報的問題。這一點與印度傳統思想之上帝管業報有點相似，但不同的是中國人認為人間的生活太複雜，人心也太難測，只有一個神可能管不了那麼多事，於是分工管理。在上天，有司過之神，在每家廚房有灶神，而在身中有三尸神，在地獄中還有判官。這些不同的神都記錄了不同的善惡，因此合起來便比較客觀了。

(2)道教的民間信仰中的天堂地獄雖然可與佛教思想相對照，但由於道教是中國的宗教，因此它的天堂充滿了中國人的文化和心理觀念。由於中國文化重視政治倫理，因此中國人的天堂反映了政治的色彩。玉皇大帝就像人間的帝王，為天界的至尊，統管天界的事務。照印度或佛教的天界來說，雖然像淨土諸經把極樂世界描寫得極盡富麗堂皇，要吃什麼，隨手可得，好像各人盡情享受自己無憂無慮的生活，並無天上的政治。中國天堂的至尊不只是管天上的事，也管人間的事。不僅風雨災患，由他們管，而人間的許多不平，政治的許多禍亂，也由他們作最後的審判，給予人們今生或來生應得的報應。再說地獄，我們也曾提過，中國人喜歡談生，不喜歡講死，因此對天堂的描寫都樂而為之；而對於死的描繪都極不願意。所以關於地獄的一切都從印度搬過來，譬如管地獄的閻王是印度人，替閻王抓人的黑白無常是印度人，以及一切的酷刑、慘狀，中國人懶得設計，都由印度人代勞。中國自古以來也有鬼的故事，但中國的鬼與印度的鬼不同，印度的鬼都在地獄中，可是中國鬼好像中國人一樣，喜歡熱鬧，喜歡到人間來住。在紀曉嵐的《閱微草堂筆記》中曾描寫說：「揚州羅兩峰目能視鬼……凡有人處皆有鬼。若是橫死的厲鬼，多年沉滯則多住幽房空宅之中，是不可近，近則為害。其憧憧往來之鬼，午前陽盛，多在牆陰。午後陰盛，則四散遊行。可以穿壁而過，不由門戶。遇人則避路，因畏人之陽氣熏灼，故此等鬼到處多有，不為人害。又說鬼所聚集恆在人煙密簇處，僻地曠野所見殊稀。喜圍繞廚灶，似欲近食器，又善入溷廁，則莫名其故，或取人跡罕到耶！」這樣的鬼大概是中國人的鬼了，因為他們不願被拘地獄，不願飢餓，還想遊戲人間，到廚房中去聞香。

(3)再生與不求再生

再生是生死輪迴的別名。印度思想和佛教學說都認為人世無常，人生多苦，因此他們講「業與再生」，目的乃是為了不再輪迴，不求再生，而進入涅槃的境界。至於中國人的信仰受道教的影響，追求不死，不死當然無生死，也就不再生了。不過中國人的不再生，乃是藉神仙鍊以求超脫死亡。當然不死不易達到，那麼最起碼，也求延年益壽，在人間多活幾年。如果不能不死，中國人的信念，還是眷戀人間。因此即使進入輪迴，也希望能再投胎，回到人間。即使人間有痛苦，有貧窮，但機率也不能算定，難保不生在大富大貴之家。所以大多數的中國人受道教的影響對天堂或淨土興趣不大，「只羨鴛鴦不羨仙」，還是願意長留人間。

(4)立地成仙與雞犬登天

由於中國文化重視人及家庭倫理，所以道教的成仙不必藉六道輪迴，升入天道，而是憑修鍊，如寶精、行氣、服藥，以致長生不死。但成仙之後，也不是躲在天國淨土，去過非人的生活。相反的，很多傳說的神仙如呂洞賓、濟公等都出沒人間，而且以醫藥救世救人。

中國哲學的人不是個人，而是家人。因此當人憑修鍊成仙之後，不是個人的逍遙而已，往往是伴同家人。如傳說中黃帝成仙，不僅家人，即使雞犬也跟著登天。中國人重視家庭和群居，因此到了天堂，還不是寂寞的廣寒宮，而是熱鬧的人間天堂。

六、佛教思想與中國傳統思想的一些不同

	中國思想	佛教思想
1.	重視入世	偏於出世
2.	以家為主	以個人為主
3.	重道德	重戒律
4.	快樂幸福	苦觀
5.	三代家族	三世人生
6.	肯定感官	否定感官
7.	生命有價	生命無常
8.	生生	涅槃
9.	君子聖人天	羅漢菩薩佛

1.佛教就原始教義來說，本偏於出世。釋迦牟尼離王宮而到深山修苦行，是出世。即使六年後回國傳教，但他是離開社會，去過僧侶生活，也是出世。儘管後來的大乘佛教，菩薩以救世為主，但地藏王菩薩所謂「我不入地獄，誰入地獄」、「地獄不空，誓不成佛」，這話似乎將人間看成地獄，好像人們都生活在地獄中，所以出地獄也即出人間。佛教到了中國之後，由於中國精神的加入，才強調人生佛教、人間佛教。中國哲學宗教的重視人間，自古而然，儒、道都是如此。

2.佛教是以個人為主，談四諦、十二因緣，講十戒十善都是為了個人的修行，即使大乘的救世，也是針對個人的說法，先求自度；即使度人，也只是教別人先自度。至於中國文化以家庭為主，人在

家庭中不講自度，而求全家的美滿。

3.佛教重戒律，所有戒律重在律己。釋迦牟尼當時提出戒律原是為了僧團的群居生活有所遵循，大多數的戒律都是對個人行為的節制。中國哲學注重的道德重在人倫，從家庭中人與人的關係，再推展到社會國家，也還是人與人的關係，如中國道德的忠孝悌恕、仁義禮智等與佛教的十戒十善相比，便昭然若揭了。

4.印度佛教以苦觀為基點，對宇宙人生的態度都以消極的態度來看，認為萬法無常，人生多苦，因此他們主要的修行都重絕欲、斷情、離愛的工夫。中國的人生態度較為積極，儘管人生也多有不如意之事，但都以快樂的心情來對待。

5.印度哲學和佛學講三世的人生，縮小了今生的意義，而無限擴大了不可知的來生，而這三世都是個人的。中國哲學重視今生的價值與意義，由今生的影響更擴大到下一代，是代代的相傳。

6.印度佛學對五蘊持否定的態度，認為五蘊皆空，所以由五蘊所看所知的境界都是幻現、虛而不實的。中國哲學對五官持肯定的態度。在最早的《尚書・洪範》中便明言：「貌曰恭，言曰從，視曰明，聽曰聰，思曰睿。恭作肅，從作入，明作哲，聰作謀，睿作聖。」這是對五官的重視，而善加運用，變成了善德聖智。

7.印度佛學倡「諸行無常」。認為一切外在的事物都沒有常性，而我的存在也是無常的，也就是說肉體的生命是虛幻不實，沒有價值，所以不應執著。可是中國哲學卻不然，我們不僅對自己的身體，認為「身體髮膚，受之父母，不敢毀傷」，而對生命本身非常重視，因為這個生命不僅是家庭、社會、國家之所繫，也是整個宇宙的中心。

8.印度佛學的終極目標是涅槃的境界。涅槃在四諦中是寂滅；在理體上是無生。由此而展現整個佛學，無論是體，是用，都是講的空。可是中國的哲學以道為主，道是生命，是生生不已。《易經・繫辭傳上》所謂：「天地之大德曰生。」又說：「生生之謂易。」這種生生不已的性能乃是中國哲學的目標和特色。

9.原始佛教或小乘佛教都以羅漢為理想，羅漢的工夫是滅欲，是不回人間。大乘佛教重菩薩，菩薩以救世救人為念。最高的境界是佛，佛是佛性，佛性卻又是空的。相對於這三者，便是中國哲學上的君子、聖人和天。君子對應羅漢，但君子以德為主，人人都可為君子，不像羅漢滅欲那樣的不易成就。聖人和菩薩相當。菩薩是菩提薩埵的縮寫，是覺有情的意思，即助人覺悟而脫離生死苦海。但聖人或聖王卻是己立立人，己達達人，以博施濟眾為念，絕無出世之想。最後天與佛都是最高的境界，佛是空，而天卻是有，是生命，是生生不已的。

七、佛教來華後對中國文化的衝擊與融和

(一)衝擊

1.佛教的出家剃度是完全違反了中國文化的禮俗，就「出家」兩字來看，便可以看出它為中國禮俗所不容。尤其剃度的削髮在古代更是有違身體髮膚受之父母不敢毀傷的孝道。所以古代的出家為僧尼的人多半是從小父母死亡，無依無靠，貧窮不能自立，或受到某種打擊，心灰意冷而出家。

2.中國家庭的倫理制度，傳宗接代是一個人的天職，如果沒有子孫繼承，不能傳宗接代，乃人生的大憾，常被視為個人或家族羞恥之事。而佛教的出家為僧為尼，卻斷絕了宗祀，也是違反了人倫的大事。

3.就六道輪迴之說，祖先再投胎為人，可能變成自己的子孫，這便違反了倫常的秩序。如果更不幸的，父母死亡投胎為畜牲的話，可能變成兒孫所飼養的雞鴨，任兒孫所宰割，這更是聳人聽聞，匪夷所思了！

4.中國傳統的教育都要求小孩立志，希聖希賢，為公為卿，能經國濟民，光耀門庭。可是佛教的思想，對僧尼來說，只要求他（她）們青燈木魚終其一生。即使傳法度人，也是勸他們視現世的努力

為夢幻空花，不值得留戀，這種思想完全違反了中國傳統教育的精神和原則。

(二)融和

雖然在佛教初來中國時，有很多衝突，但由於中國文化的富有包容，也由於佛教的具有柔軟的適應性，所以逐漸的由衝突而融和，其所以能如此，有以下幾個原因：

1. 佛教在中國的發展有兩個方面，一是在上層的社會，是屬於哲學性的佛學，雖然也受到儒家學者的排斥，但也幾經挫折後，轉變成中國的佛學。另一是下層社會，是屬於宗教性的佛教。雖然下層社會受儒家禮教的影響，阻力也大，可是下層社會的民眾畢竟知識的障礙性不大，他們容易接受不同的信仰，因此「業與再生」的觀念也容易為一般民眾所採納。

2. 漢末到魏晉南北朝時期，戰爭連年，民不聊生。這時，儒家思想衰微，不能收拾人心。也就是說儒家的那套倫理教化及子孫繼承的學說，並不能解決人們當前的困境。這時佛教的來生思想，使他們在無可奈何中得到了慰藉，這樣便很容易使佛教在民間散佈開來。

3. 中國人對宗教本無嚴肅的態度，只要勸人為善，任何宗教都是好的。對於「業與再生」所講的來生雖然看不見，但不妨姑妄信之，做好事是應該的，因此對於這種思想的接受，也是無所謂的。所以在這種對宗教開放的心態下，佛教在民間信仰中便毫無阻攔的長驅而直入。

八、中國佛教和佛學對「業與再生」思想的接受與轉化

(一)一般信眾的全盤接受

所謂全盤接受，就是對於「業與再生」的說法深信不疑，接受它的影響，而支配了他們的生活信念。不過其中還有不同的態度：

1.完全的相信「業與再生」的學說，惟惶惟恐而行，深怕做了一點不好的事，便會影響來生，如踩死一隻螞蟻，便懊惱萬千。他們絕對素食，是為了來生的輪迴。

2.接受「業與再生」的思想，不去懷疑，不去反對，但對它不甚了了，只是照著去做。其信仰度沒有前者那樣堅定，那樣執著。他們不一定素食，但卻接受「業與再生」的道理。

3.重視「業」，多於「再生」。他們願積善業，不造惡業，他們相信善有善報，惡有惡報。他們也接受有「再生」或輪迴之說，但他們卻不過分的重視與關懷，來生只有到來生再說吧！

4.相信六道輪迴，深懼變餓鬼，入地獄，但他們也不敢企求上天堂，他們只希望在世多做點好事，少做些壞事，將來再投胎為人時，四肢皆全，有兒有女，沒有災難。

㈡綜合的改變

所謂綜合的改變是指當「業與再生」的傳入中國之後，中國人一方面吸收「業與再生」的觀念，一方面也改變了「業與再生」的許多印度色彩，使它適合中國文化和中國人的心理，如：

1.一般信眾由於受傳統儒家的影響，乃自動而不自覺的改變了一些印度「業與再生」的觀念，如以孝道為大，把中國孝道的內容都放了進去，譬如對佛教五逆罪所講的殺父殺母的罪惡非常重視。至於在五逆罪中的「殺阿羅漢」，根本不談，「出佛身血」，也不重視，「破和合眾」也不以為念。對六道輪迴，則除掉阿修羅一道，對於天道也不多談，把地獄、餓鬼合併，所以實際上只談人、畜、地獄三道。

2.佛教的「業與再生」，加入了道教的信仰，因此使自作自受卻無自我的業，由道教的神來掌管。本來佛教的業是不能消滅的，可是很多信眾到佛寺或道廟中燒香拜神求佛，以消滅他們的罪業。如求觀音菩薩為他們消災解難。

3.由於一般人對道、佛兩教混淆不清，因此中國人自創了許多觀念，也是道、佛不分的。譬如包拯本是中國的一位真正的法官，為人廉明，審案公正，後人奉他為神。這是中國傳統的宗教信仰，也可說是道教的民間信仰，凡是真正立德、立功、立言的人都會被後人奉為神明，立廟祭拜，如孔明、關公等，所以包拯的成為神明也是如此。至於地獄中的閻王本是印度人，也許中國人死了之後，到地獄和閻王交談語言不通，於是後來中國人便把包拯請到地獄中審案，這樣道教的神也就變成了佛教的神了。再如《西遊記》本是寫玄奘到印度取經的故事，但其中道教的玉皇大帝、南極仙翁、二郎神等，與佛教的如來佛、觀音菩薩共聚天堂，而且可以互通消息，相互推介。

(三)轉化

所謂轉化與改變不同。改變只是加入了一些中國的信仰和觀念，把「業與再生」變得適合中國人心理需要。至於轉化乃是加入高度的中國哲學思想，把「業與再生」的觀念加以轉變掉、超脫掉。這種轉化不是反對「業與再生」，而是從「業與再生」的思想中提昇上來，發展出另一套思想，可以不談「業與再生」，卻發揮了「業與再生」的作用。

1. 加入儒家人性的思想

本來，業是只有報力，而無人性的。說得嚴格一點，業的種子好像唯物的種子一樣，這一點，熊十力在《新唯識論》中便說唯識的種子是唯物的，而要代之以儒家的本心。這也就是說以心代替物，以人性代替業種。所以在中國哲學裡，不講業的種子的流轉，而是以心傳心，以心點化業識。

2. 加入道家的真我

佛教的業是無我的，只是業力的流轉罷了。縱然有人把業拉在一起，產生關係，但這個「我」，無論是靈魂的我也好，意識的我也好，一當他與業連在一起，便受業的影響，甚至受業的擺佈。可是加入了道家的真我之後，就像莊子的真心，逍遙自在，不與物遷，使這個真我不受業的影響，不為輪迴所轉。

3. 直接挖掉無明的根

業的根本是無明。雖然業有善惡，但由於潛在的無明作祟，所以我們的善業也常受無明的污染。譬如我們做好事是為了行善。可是無明私欲之心一萌，常常因為好名，或為了得善報，於是善行便因摻有私心而失去了真正行善的意義。這是我們業之所以摻雜不純的原因。中國哲學重性善、誠意正心，都在心源上下工夫。所以在根本上已挖除了無明。儒家君子之坦蕩蕩，《大學》的「明明德」、《莊子》的「心齋」都是描寫清明在躬，心無一點私念。後來禪宗的明心見性，都是在根本上挖掉無明的工夫。無明一除，業便無所造作了。

4. 肯定物性的存在

印度佛教認為「諸行無常，諸法無我」，但又強調業力常存，業果不滅。這兩者之間似乎有點矛盾，因為諸行無常的話，那麼業也是行，為什麼又能常存？諸法無我的話，那麼業也是法，為什麼又能不滅？所以這個問題仍然值得爭議。不過就莊子思想來說，物形雖然有變壞，物性卻是常存的。物性如果常存，那麼物物都有其性，物物都有真體，也就是說物物的當前的存在也是常存的。這種思想，從莊子、僧肇，直到中國的禪宗，形成了中國佛學一大特色，自然的超脫了「業與再生」在物無業有之間的割裂不全了。

九、禪宗的中國化對「業與再生」的轉化

㈠禪宗與中國文化及中國思想

1. 禪宗是印度佛學在中國長期發展的開花結果，因此禪宗很自然地承受了中國文化的傳統思想。由於中國文化重視以人為本位，對於人性有正面的肯定。這一點是佛學中國化的一個主要推動力，而成為禪宗的一大特色。這一特色和印度佛學相比之下，最獨出的一點就是對人性的肯定，而直截本源地挖掉了無明在人性中的根，從此而發展出中國佛學的禪宗，不需要為無明而煩惱，可以正面的去歌頌人生，肯定生命了。

2. 禪宗的傳承和開展都在中國的南方，而傳法的大師及弘法的對象都為農民，所以他們和老莊思想的關係密切。老子的思想道法自然，宗主無為；莊子的旨趣體證生命，逍遙自在。這些方面都深深的印在禪宗的心地上。比起印度傳統偏於苦觀苦修的宗教生活來，禪宗的呵佛罵祖，風趣活潑，被譽為是穿著袈裟的莊子。在這樣一種人格特色下，「業與再生」的觀念自然無從立足了。

㈡禪宗的印度經典中對「業與再生」的看法

首先我們從禪宗最主要的兩本印度的經典《楞伽經》和《金剛經》，看看它們對「業與再生」的論點：

1.《楞伽經》

菩提達摩是中國禪宗的初祖，他到中國所傳的《楞伽經》，該經雖然也是唯識的經典，但由初祖直傳到慧能的師兄神秀，而成為禪宗北派的重要經典，可見它對禪宗初期的影響。

檢視《楞伽經》全書所提的一百零八個問題中，沒有提到「業與再生」的討論。譬如南懷瑾教授的《楞伽大義今譯》曾就每節作了標題。以及日人鈴木大拙的梵文英譯，也於每節作了標題，這兩書的標題都沒有「業與再生」或輪迴的描寫。對於「業」字，該書雖提到數處，如：「五無間罪業」、「採集業為識，不採集業為智」等，都只是字語的運用，而沒有對業本身的討論。至於對再生或輪迴也沒有詳論，書中有一處大慧問到佛：「何故世尊於大眾中唱如是言，我是過去一切佛及種種受生我，爾時作曼陀轉輪聖王、六牙大象，及鸚武鳥、釋提桓因、善眼僊人，如是等百千生經說。」這裡談到的轉生，其實是佛的化身，並不是六道輪迴的再生。佛回答說：「應四等故……謂字等、語等、法等、身等。」這是說這些字、語、法、身固然有差別，但本性平等。所以在本源處一切平等，這是就本源來破除再生之相的。

值得注意的是《楞伽經》不談再生或輪迴，卻強調不生或無生。不生是對再生的超越，無生更是從本源去挖除無明的業。《楞伽經》之重視不生或無生可能有兩種意思：一是因為「業與再生」的理論乃是通向不生或無生的歷程。《楞伽經》的講不生或無生已包括了歷程。二是不生或無生之旨是直徹本源的，根本和「業與再生」無關。如果我們重視「業與再生」，只在「業與再生」上打轉，反而阻斷了不生或無生的直證性。《楞伽經》之特別從本源處直證，也正說明了該經能走出印度思想、唯識學說的藩籬，到了中國，在禪宗的源頭上產生了極大的作用和影響。

2.《金剛經》

《金剛經》是般若經典的精要，而般若思想對中國佛學的發展影響極大。六祖慧能自《金剛經》悟道之後，所傳的南宗頓悟禪便成為中國禪宗的正統。在南宗禪中，《金剛經》取代了《楞伽經》的地位。而成為中國禪宗裡最主要的印度經典。

《金剛經》代表般若思想，重智慧，主簡易，極合中國人的口味。在全經中沒有談論「業與再生」或六道輪迴之事，不過有一段話卻值得我們玩味：「受持讀誦此經，若為人輕賤，是人先世罪業應墮惡道，以今世人輕賤故，先世罪業則為消滅，當得阿耨多羅三藐三菩提。」這段話是指今生的輕賤是前生造了惡業的緣故，但現在如果讀誦《金剛經》，則可以得到無上的覺悟之道。這話一方面雖然維持了業報之說，但另一方面則強調《金剛經》的功德，可使人悟入「無我、無人、無眾生、無壽者相」，而根本使業無從產生。這是直悟本源的工夫，乃是中國禪超脫「業與再生」的一大特色。

㈢禪宗思想轉化和揚棄了「業與再生」的思想

接著，我們由中國高僧所寫的作品中，看看中國禪宗如何的發展出一套特殊的思想，不僅轉變了以「業與再生」為主軸的印度佛學，同時使得在禪宗的境界上，沒有「業與再生」的執著。

1. 僧肇的〈物不遷論〉

一般都公認中國禪宗是老莊與大乘般若思想結合的產品，可見般若思想在禪宗裡的分量。僧肇是般若三論的代表，而他寫的〈物不遷論〉正是結合莊子與般若思想的大作，也是以後中國禪宗發展的開路先鋒，雍正的《禪宗御選語錄》，便是把這篇文字錄在卷首，可見它與禪宗思想的關係的深切。在本文中，可以看出它如何轉化「業與再生」的思想，如下：

(1)事物當體不滅

〈物不遷論〉第一句話便說：「夫生死交謝，寒暑迭遷，有物流動，人之常情，余則謂之不然。何者？《放光》云：『法無去來，無動轉者。』」這幾句話開宗明義便提出與一般佛教「諸行無常」相反的看法。因為無常就是變動，而僧肇卻認為萬物常住，沒有變動，這是否違反了釋迦「無常」的本意呢？憨山德清在〈物不遷論〉中解說：「此義引彼經第七卷云：『諸法不動搖，故諸法亦不去，亦不轉。』即《法華》云：『是法住法位，世間相常住。』蓋言諸法實相，當體如如，本無去來動搖之相。佛眼觀之，真空冥寂，凡夫妄見，故有遷流。」憨山的說法雖然為僧肇找印度的法源，但我們仔細推敲，大乘的經典如《放光》、《法華》等雖然已逐漸超脫「無常」、「無我」之論，講法性不動，實相常住；但印度大乘佛學仍然不離一個空字，無論法性、實相由於體空，所以不動、不轉。可是僧肇的推論卻從實存、實有方法著手，如他說：「傷夫人情之惑也久矣！目對真而莫覺。」這是指萬物皆真，接著說：「既知往物而不來，而謂今物而可往；往物既不來，今物何所往？」不來指常存，不往指不滅，這本與佛法的不生不滅同，但是僧肇卻明言一個「物」字，也就是我們當前所親目所視的物體，在當位的時間中卻是常存不滅的，這一點似乎和莊子萬物皆真的思想是遙相契應的。

(2)因因而果

在本論中，僧肇用了許多動靜、古今、時空轉換的觀念，來說明每一物體在它生存的當時，是不滅的，這是物不遷。最後，他由物不遷而歸結到本文的主旨，即「因因而果」。他說：「何者？果不俱因，因因而果。因因而果，因不昔滅。果不俱因，因不來今。不滅不來，不遷之致明矣！」就一般因果法則來說，有此因便有那果，那果是由此因中來。但以僧肇的看法，無所謂果，果只是我們就特定的觀點給予某種限定而已。其實從事物當體的觀點來說，其存在都是因，而就我們用變動的眼光來看，這些因因的連續，而看作因果的相生。就像電影的膠卷，每一片都是靜止的，可是播放出來便成為變動的畫面。可是當我們觀看動態的影片，從開始看到結尾。到了結尾後，整個故事結束了，一切的影像消失了。這是果滅，也是因滅。換句話說，一有了因果的說法後，由於因產生了果，我們把因消融在果裡，於是因便不見了，而這個果也留不住，也同時會消滅了。舉個例說，一個人從幼稚園開始受教育，接著小學、中學、大學、研究所，得了博士，成為大學教授。如果把這一歷程用因果的法則簡單化，那麼幼稚園的啟蒙是因，成為大學教授是果。當然其間，幼稚園、小學、中學、大學、研究所的老師，都對這個大學教授的果有或多或少的因的作用。可是就大學教授的知識來說，幼稚園老師的知識是非常淺顯的，因此在大學教授的成就上，往往會忽略了幼稚園老師的影響，因此這個因無異消失了。可是按照僧肇的說法，幼稚園老師對他在幼稚園時期的影響卻是永恆不滅的，同樣小學、中學、大學、研究所的教師們都是如此。所以僧肇的「因因而果」的說法，是為了保持每一個因在當位時間的存在和價值。

僧肇雖然沒有直接談「業與再生」的問題，但他這套「因因而果」的說法，卻是對一般觀念中因果法則的一種揚棄。揚棄了因果法則之後，便對「業與再生」有一種新的看法。如果就業的果報來說，前生的業到今生來報，今生的業又到來生去報。所以前生的業是因，今生的業報是果，今生的業又是因，來生的業報又是果。在這種果報的遷流中，前生的業到了今生受報之後，這個業並沒有消滅，隨著今生的業一直的傳流下去。因此這種業的受報生生世世，永無了期。依照僧肇的看法，前生的各種業在它們當位時間都是存在的永恆，今生的各種業在它們的當位時間也是存在的永恆的。前生的業不會流傳到今日去繼承，因此今生的一切不要怨前生，今生的業也不會拖泥帶水的去污染來生，因此今生自作自受，對當前負責。這一想法，使我們了解當前存在的意義，勇於面對當前的業，這一觀念顯然已種下了日後禪宗的「放下屠刀，立地成佛」，一念之轉便能頓悟成佛的種子。

2. 永嘉玄覺的〈證道歌〉

永嘉玄覺雖是慧能的子弟，但他拜訪慧能，一場機鋒辯論因而悟道，在慧能處只住了一晚便離開而南下，時人稱他為一宿覺，也就是說他和慧能師徒關係只有一天一夜。永嘉在遇慧能之前，已在南方修習天台思想有成，這篇〈證道歌〉可說是篇大乘佛學的精要，也是把大乘佛學通向禪宗的傑作，它和「業與再生」的關係可從以下兩方面來討論：

(1)無明即佛性

《心經》中已提出「無無明，亦無無明盡」，這是從「五蘊皆空」的一空到底，也一空到頭。但那畢竟是大乘的般若體空。至於永嘉在〈證道歌〉中不僅是以大乘的空來無無明，而且更進一步把無明看作佛性，他說：「君不見，絕學無為閒道人，不除妄想不求真，無明實性即佛性，幻化空身即佛身。」這段話裡，不把無明當作無明，而是把無明當作實性來看。因為萬物的實性只有一個，所以萬物的實性和無明的實性是相同的。這個唯一的實性就是佛性，所以無明也即是佛性。無明是無知，是欲望，是一切痲煩痛苦的製造者，但無明畢竟是一個抽象的概念，把它空掉還容易，永嘉進一步說：「幻化空身即佛身。」直接對我們當前所有的軀體來說，卻直證為法身。這一念之轉，一超直入，顯然已是禪宗頓悟的工夫了。

(2)無罪無福

無明一除之後，也就把意識連根一起拔掉了。既沒有無明和意識，哪裡還有業？沒有業，也就沒有罪惡的業力、業報。所以永嘉接著說：「頓覺了，如來禪。六度萬行體中圓。夢中明明有六趣，覺後空空無大千。無罪福，無損益，寂滅性中莫問覓，今日分明須剖析。」既然無罪福的業，當然也就沒有六趣的輪迴了。譬如，我們現世的生活對我們來說是真真實實的，可是有一天我們覺醒了，猶如黃粱一夢，才知道本以為真實的一切，原來只是一夢。可是現在我們講六道輪迴，還是來生的事，我們對它還是半信半疑，比起真實的人生來，猶如夢裡看花，又怎能保證那不是夢中占夢，更是一場空呢！永嘉的這種夢覺的說法和莊子大覺的思想是一致的。「是非兩忘而化其道」是莊子的方法；「善惡雙離」是禪宗的工夫。在「是非兩忘」、「善惡雙離」之後，還有什麼「業」可造？還有什麼六道可輪迴？所以永嘉的證道，乃是直截本源的工夫。

3. 慧能的頓悟禪

慧能是中國禪宗的真正創始者。他初期的不識文字，使他不受當時已堆積了幾百年的佛經注疏、文字知解的拖累，而能從中國本土的文化思想中自然流露出的智慧來觀照佛學的精神。更由於他有本具的智慧，從平實的生活中把中國的禪宗開發出來。

慧能發展出來的中國禪宗，根本不談「業與再生」的觀念。但禪學的精神和工夫中早已把「業與再生」的理論化得乾乾淨淨，不留一絲痕跡。現在我們就以他思想的三個特色來看看他的思想如何能轉化掉「業與再生」的觀念：

(1)明心見性

明心見性是慧能提出來的工夫，後來成為中國禪宗的主旨。禪宗把整個佛學，無論是大、小乘、各種宗派、各種經論，都歸結到這一句話上。也把所有佛學上要解，或難解的問題，都轉到心性上來解決。中國哲學是心性的工夫，慧能講的心性可說是中國的道統，而沒有印度佛學的色彩。因為慧能明的性是自性。在印度佛學裡，萬法沒有自性，所以自性兩字語含負面的意識。慧能的自性，是自己的本來面目。慧能是以自性來代替佛性，這一自性的提出，使中國禪宗由印度佛學的無我，轉向真我，而擺脫了「業與再生」的羈絆。

(2)頓悟成佛

頓悟的頓有兩義，一是指時間的迅速，一是指斷絕得非常徹底。合起來就是在一剎那間斷斷一切過去的經驗意識和現在的欲望煩惱，也就是說斬斷一切過去與現在的業識。講「業與再生」，乃是主張過去的業到了現在產生業報，可是頓悟卻當機一斷，斷掉了過去種種的糾纏。所謂：「放下屠刀，立地成佛。」又講「業與再生」，必然以為今生的業影響到來生，可是頓悟這一刀，把現在的業也斬斷了，還有什麼業識可以流向來生。也就是說當前即能悟無生，哪裡還有再生的輪迴。頓悟便能成佛，哪裡還需要到六道中去走一遭。

(3)天堂就在目前

頓悟成佛之後，並非說就進入涅槃之境，不再回到人間。印度原始佛教希望的乃是不再生的無生，是羅漢的不還。後來的大乘佛學，如《維摩詰經》才講到人間佛國。不過《維摩詰經》中的人間佛國，還須靠佛陀的跺足，一般人哪裡有此等工夫。慧能的頓悟成佛，卻是在於凡人的一念之轉，所謂：「前念迷即凡夫，後念悟即佛。」在這一念成佛之後，仍然活在人間，面臨人間的一切。不過這時，心念一轉，看煩惱似菩提，所謂「天堂就在目前」。目前就是今生，目前就在人間。慧能畢竟承受了中國人的思想、心理，對於六道中的天，興趣不大；對於地獄、餓鬼、畜牲道，當然不願去走一遭，因此還是喜歡人間道。所以慧能的人間天堂，已把「業與再生」的思想完全轉化掉了。

十、淨土思想對「業與再生」思想的調和與轉化

禪宗在慧能的時候，似乎和淨土宗思想不合。因為淨土宗企求西方極樂世界，憧憬往生，而一般念佛者又多口念心不念，所以在慧能的《壇經》中，對淨土的念佛法門有所貶抑。可是後來禪宗由唐到宋，趨於鼎盛，接著元明以來，逐漸衰微。由於禪的衰微，因此禪宗逐漸和淨土宗產生關係。其間的曲折，以及和「業與再生」的比較，有以下數點：

(一)禪的大眾化

在唐以後，中國佛學的主要宗派都逐漸衰微時，唯獨禪宗和淨土宗仍然盛行不衰。本來，禪宗在慧能南傳時已走入民間，為平民的宗教，這和禪的北宗及其他宗派的為貴族所推崇，周旋於皇親和國戚之間不同。可是好景不常，禪宗發展到後來，講公案，用棒喝，逐漸地愈來愈神秘，愈來愈離開民間，因為要一般民眾去參那難解的話頭，去明心見性，又談何容易。因此禪宗要走出叢林，走向民間，

就必須有一套一般人很容易修行的方法。事實上，很多禪宗還是不願意走出叢林，還是抱著那稀世的公案去揣摩，使禪宗變成了學者禪。至於一般禪宗的信眾，沒有興趣去參公案，便把念佛當作參公案，很自然的和淨土宗發生了關係。

淨土宗自魏晉時的慧遠開先路之後，在中國一直很普遍，因為他們只講念佛法門，而不求讀經及苦修，因此非常大眾化，完全走入了中國民間。而「業與再生」的觀念為民間佛教的信仰，所以淨土宗和「業與再生」有非常密切的關係。

(二)從自力到他力，從人間天堂到極樂世間

雖然有些人主張禪淨雙修，有意替禪宗與淨土宗撮合，但從禪宗的觀點來看，這也許是禪宗的衰微、禪學的下墜，也就是說禪學沒落了，不得不走入民間，走大眾化的路子。可是就淨土宗來說，他們卻壯大了自己的聲勢，如淨土宗的印光法師便認為禪宗太理想化了，真正大徹大悟的人，如鳳毛麟角，因此禪宗的信徒不得不歸順淨土宗。此處用歸順兩字，並不過火。在淨土宗的眼裡，認為禪宗已沒有路子可走了，只有走淨土宗的路。這種思想表示了什麼？這意味著中國佛學除淨土宗外，其他的宗派都是講自力的，但自力太軟弱，救不了自己，只有依靠他力，只有靠外在有力量的阿彌陀佛來拉我們一把。這也意味著人間天堂的不可能，娑婆世間的始終轉不成佛國，因此只有向虛無渺茫的極樂世間去求寄託。的確這一轉變是一大逆轉，但我們不要誤會這是放棄了中國哲學的重人性、重自為的

特色，而轉向印度佛教。事實上，印度佛教的真精神也還是講自力的。這一轉變，也許可以這樣說，是向上一路轉入向下一路，超脫玄妙的佛理轉到通俗的民間信仰。但我們如果仔細去閱讀淨土宗祖師的許多著作，卻發現他們在某一意義上正是禪宗的另一化身，它的精神和禪宗一樣是簡易直截的。這一點不難了解，因為念佛法門比起參公案來，當然簡易直截得多了。同時淨土宗和禪宗都不重視讀經，都要揚棄煩瑣的經解。這一點也都和中國哲學的路子相接。另一點，淨土宗和禪宗在表面上不同的是，一重他力，一重自力。但我們真正深入的理解淨土宗的念佛也要自念，不僅嘴巴念，心中也要清清楚楚的念。淨土宗重信願行三力，而這三力還是要靠自力，要靠自信、自願、自行。只是最後的臨門一腳，才要靠佛的引渡。

(三)帶業往生和消業往生

淨土宗對大多數人，無論愚智一概接引。所謂無論愚智，其實也就是說對於大多數的愚者，或有業者，照樣能使他們往生，如印光法師說：「無論出家在家、士農工商、老幼男女、貴賤賢愚，但肯依教修持，皆可仗佛慈力，帶業往生，一得往生，則定慧不期得而自得，煩惑不期斷而自斷。」所謂帶業往生者是指念佛者雖有業在身，仍然可以往生極樂世界。這個「帶業往生」因為是印光所首用，在佛經和論中，找不到相同的話，因此後來的學者們曾產生異議，有的學者把「帶業往生」改為「消業往生」。意思是消除了一切業，然後才能往生。其實印光法師在「帶業往生」下有注說：「若在此界尚未斷惑業，名帶業，若生西方，則無業可得。非將業帶到西方去。」這是說即使有業在身，仍然可以念佛往生。不必經六道輪迴，而能直接往生。在往生之後，尚未完全進入佛地，先在凡聖同居之地，等待佛來引渡。只是此時，不再退轉，也是指不再輪迴，而等待蓮花開，聞佛法，再往上昇至高層的天境。

(四)淨土宗和「業與再生」的比較

1. 淨土宗承認有業，但藉念佛來淨化業。
2. 淨土宗不管善業惡業，藉念佛可以同時消除。
3. 淨土宗對於惡業，當然要斷；對於善業，則可以當作資糧。
4. 無論善業惡業，淨土宗藉念佛不入輪迴，也不再生。
5. 往生與再生不同，再生是入六道輪迴，往生是入極樂世界。
6. 淨土宗也靠自力，但最後則靠佛力，因為只有佛力才能脫困於業惑。
7. 往生後，即不還、不退轉，只有一路往上。

十一、結語——以中國生命哲學的觀點來論「業與再生」

(一)「業與再生」是一種理論

在一般信眾的眼中，「業與再生」為釋迦牟尼所說，當然是一種真理，可是就學術的觀點，釋迦雖為佛祖，但生為人身，他所提出的學說，當然是一種理論。理論起於假設，是否為真實，必須通過知識的檢證。其方法有四：

1. 這種理論是經過經驗的體證所得的結果，如生活經驗。
2. 是一種假設，但這種假設是可以求得證驗的，如科學發明。
3. 是哲學的假設，可以運用，如性善、性惡之論。
4. 為宗教經驗的假設，可在宗教信仰中得到證驗，但未必能在實際中去求得證驗，如「業與再生」的理論。

(二)中國哲學承認今生的業，但不願強調前生與來生

1. 把今生的一切推給前生，因此作惡的也會推給前生，好像今生之作惡是無可奈何的。

2. 今生做了善事，是由於前生作善業的果報，那麼使今生的作善不是出於自由意志，反而減輕其價值與意義。

3. 指今生的果報是前生的業，則殘疾者或受傷害者是由於前生作了惡，這樣反而使他們受了雙重打擊。同樣使富貴、有權勢者，更錦上添花。

4. 由於前生的業力甚大，使許多相信業力所定有如命定，而放棄了今生的努力。

5. 前生與來生如果只是理論而無真實，以此來安慰或鼓勵人們，豈非也是一種好意的騙術。

6. 強調個人的前世，此前世形同個人的祖宗，反而降低了真正生育我們的祖宗的地位。

7. 不談前生和來生，則今生的重要為百分之百。如果強調前生和來生，則今生的重要只有三分之一，甚至更為渺小。

(三)「業與再生」理論的檢討

1. 六道輪迴中，如果進入地獄、餓鬼道，則永世不得脫離，因此這兩道便不能輪迴。如果進入畜生道，有許多畜生和昆蟲等並未造善業，又如何來生再變為人。所以畜生轉入人道，非常不易。據經書說，舍利弗用定力觀看一隻鴿子，發現牠萬劫為鴿身。祇陀林也見一群金蟻，七佛以來為蟻身。所以只有人身可以轉換身分，所謂一失人身萬劫不復。在這樣一種理論思維下，完全以人為中心，也就是人所設立的理論，又豈能為宇宙平等的真理。

2.前生的我做了惡事，今生的我遭到了果報。今生的我會怨恨前生的我為什麼做這些事，要今生的我來承擔。今生的我既然沒有見過前生的我，根本也無從證明今生的我與前生的我有什麼關係，為什麼我要糊裡糊塗的來背這個債。試想，我們生在貧苦之家，或身體有什麼缺陷，常會怨怪父母，何況前生的那個我不知究為何許人，為什麼我不能與他劃清界限？為什麼我們不能拒絕前生的那個人（實在不應稱我）不負責任所留給我的負擔？父債子還尚有點道理，因為父母生我、養我、育我，我自然對父母有此義務。可是前生那個人對我一點幫助也沒有，卻要我為他還債，豈非荒唐。如果，我們作這樣的思考，便會發現三世果報之說，實在不太近情理了。

3.根據業報的理論，業力永遠存續。那麼今生的我造了善、惡兩業，則兩業的果報同時由我身通向來生的我，不能互相抵消，這樣便有以下兩種情形：

(1)如果到了來生，我修大乘無生法忍，不造業，即不造善、惡二業，可是過去的業力仍然持續下去。這樣一來，無生不造善業，而過去的惡業依然，豈非一任惡業流衍，而無法制衡？

(2)如果修無生法忍，或頓悟而成佛，則這個便是真我，但過去所造惡業的我，依然存續，而且還持續到來生，這樣豈非變成了兩個我？一個是成道的我，一個是業報持續的我。

4.「業與再生」的觀念，本為印度思想所原有的，釋迦牟尼採納了這點觀念，放入了他的思想體系中。由於「業與再生」必然觸及六道輪迴和涅槃境界，這些都是原始佛學中的重要術語和理論，也都和當時及以前的印度思想有關。釋迦牟尼在當時的環境，接受各種思想而融和，也是理所當然的。再就釋迦牟尼當時說法，而最為可靠的經典，如《阿含經》等來看，最主要的思想，也為今日學者所共認為釋迦牟尼所創立的，如四聖諦、十二因緣、八正道、三法印、中道涅槃及解脫等思想，這些都是釋迦牟尼四十五年說法的中心思想，如果把它們分類，可以有以下的三個層次：

涅槃（不生不死）	解脫 覺
涅槃（寂滅）	四聖諦、十二因緣 八正道、三法印
涅槃（死亡）	業、再生 輪迴

這樣的劃分，乃是把釋迦牟尼的說法分成了三個可以連貫，而又不同的層次。釋迦牟尼當時主要的說法是當中的一層，這是他開創的理論。而下一層乃是綜合了當代世俗思想的方便說法。這一層次乃是勸人為善，而解決了一些人雖為善卻仍然有苦痛的矛盾。但釋迦牟尼說到下一層，目的不在下一層，講當中一層，也不是為了當中一層。而是為了最上一層，是為了覺，為了解脫。

由於「業與再生」是方便說法，六道輪迴乃是「業與再生」的理論基礎。但這些理論就邏輯來說，可能有很多不周延的地方，我們也可以很容易的批評它們，但卻不能否認它，因為它是一種宗教的信仰，對於信教的人，它會產生作用。這是一般人所以常用它，而成為佛教的主要信仰。但這畢竟不是釋迦牟尼的目的，釋迦牟尼的真精神乃是藉此引人入教，接著再通過正信，而向上提昇，走向覺悟與解脫之境。

5.每個人的業不只是一個，因為一個人做的善事，或不善之事很多，就身、口、意來說，隨時隨地會造業，這些業或許很小，但人的一生何止千數萬數，如果佛教真的講無我的話，那麼這些業在藏識中不只一個，而是無數個。這些由業的種子力量變現到再生的我，如何可能由前生的我，集合而成今生的我，其間必然有一個我之體在持續、維繫、整合而成。有如下圖：

這個前生的我、今生的我和來生的我，沒有意識相通，互不相知，這是因為業的傳遞，只有善惡的性能，只有業力果報的特質，而沒有精神，沒有意識。因此在前生、今生、來生之間必有一個本體在貫串，否則便是漠不相關的個體，「業與再生」便失去了作用和意義。這個貫串的本體，或稱為靈魂、真識、真我。總之，都是一種稱呼，究竟是什麼，所有的宗教都言之鑿鑿，可是又不可思議，說了也說不清。

依據佛教的理論，這三世的我延續下去，如果不斷的修行，千劫也好，萬劫也好，總有一天成了佛。那時這位佛以他的佛眼，回過頭來看以前生生世世修行的我，似乎便能貫串起來，是否到了這個時候，「業與再生」才有真正的作用和結果。不過在這時又有一個問題，因為成了佛後，佛是無分別心的，是不執著於我相的，那麼他不會去執著一個生生世世的我，而把萬物的生生世世平等看待，這樣成佛之後，也就沒有一個特殊的生生世世的我可言，那麼「業與再生」也變得毫無意義了，這豈不應驗了永嘉的「夢裡明明有六趣，覺後空空無大千」了。

這樣的推論，愈說愈空，愈空也愈玄了。因此還不如中國的禪宗，快刀斬亂麻，就在今生，當前一悟便成佛。這時，斬斷了業識，永離輪迴。明心見性，把自己看得清清楚楚了。這比起生生世世修行，沒有限期的成佛來，既切實，又有保證多了。這是中國禪和印度佛教的不同，這個不同可以向上推到和禪宗有密切關係的莊子，更可以看出莊子的真人，有點像今生的佛，真心猶如真我。莊子所說萬物變化的「以不同形相禪」正似「業與再生」的流轉，而莊子的真心或真我則能觀照萬物，點化萬有，而成為一真一切真的美的世界。

從以上的分析來看，印度「業與再生」的思想，就哲學的理論來說，顯然會有一些值得爭議之處；就宗教信仰來說，自然有它的意義和價值；再就釋迦傳教的本懷來說，它只是一個階梯，我們必須順著它向上爬。在佛學上，這叫做渡河的筏，方便的說法。由於這三方面的不同，正給予中國生命哲學以轉化的契機。也就是說，在下層的運用上，有時也容納「業與再生」勸人為善的說法，可是隨說隨掃，不留執著；而在向上的提昇上，卻直追釋迦立教的本懷，洗淨業識，以生生代替再生，轉涅槃為自性，證無我為真心。這時候，釋迦、莊子、禪師與儒家都以心心相契，共遊於生命本真、逍遙自在之境。

從生命的轉化談新倫理的建設

一、從「生命的轉化」一語說起

「生命轉化」一詞是我最近寫的一本書的書名。是簡縮該書中的一篇文字——「整體生命轉化的系統」而來的。近年來，我把研究中國生命哲學的方法，用一個三角形的模式來表達。這三角形的三個角是「生」、「理」和「用」。它們的關係有如下圖：

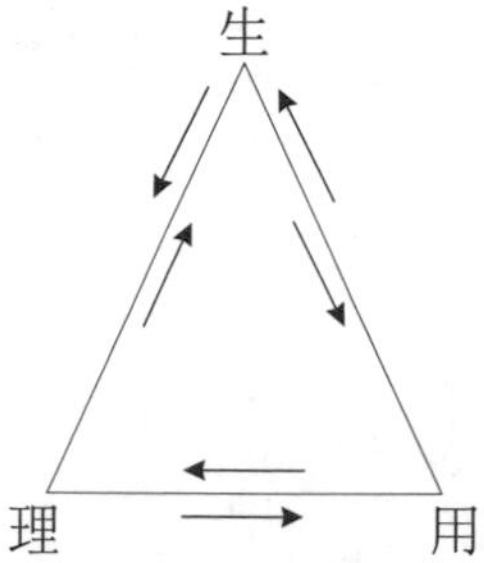

「生」是指生生的天道，「理」是指性理或理論，「用」是指運用和實踐。中國哲人是把天道貫串到理論上，再由理論付之於實行，在實行中又回歸於天道。這是一面的循環。另外，生生的天道寓於人們的日常生活裡，中國的聖哲們從人們的經驗中，汲取哲理智慧，然後把這些哲理智慧提昇成天道，再用之於人們的日常生活中。這是另一面的循環。這雙線的循環，互相銜接，相輔相成，便構成了中國哲學的生命系統。這「生」、「理」、「用」三方面，以靜態的分析，就是三個不同的系統，如西洋哲學中的形而上學、知識論和應用哲學。它們各立界限，不易溝通。可是在中國哲學裡，卻連成了一個系統，我稱它為「整體的生命哲學」。而這三者之間連綿不斷的運作，使生命向上不斷的提昇，我就稱它為「生命的轉化」。

我曾在系統學研究所開了一門「中國系統思維」的課程，特別向學生們介紹「生命轉化」的理論和工夫。因為我發現這些西方的學者和學生們，雖然在系統論上，也強調開放的系統，可是由於他們個人主義的特性，和二元化思維的方式，使他們很容易的封閉在自建的系統之中，所以我有意用「生命的轉化」，使他們了解如何打破兩個系統的障壁，使他們由物質層面提昇到精神的層面。

本文把「生命的轉化」用在新倫理的建設上，主要的目的就是研究如何突破兩個系統之間的障壁。這可分兩方面來說，一是人與人之間觀念的不同。因為倫理是人與人之間關係的法則，而人與人之間都是由於他們的觀念而自成系統的。我們要使他們之間的關係達到和諧的境地，便必須使他們能突破彼此之間不同觀念系統的障壁，譬如父母不只是父母，子女不只是子女，而必須父母能知子女，子女也能知父母。也就是說父母子女之間的觀念能溝通，他們的生命才能互相融和。另一個是時代不同而造成的觀念不同。因為倫理的行為也是一種生活方式，由於時代不同，倫理的生活方式必定有異，所以舊倫理與新倫理也是兩個不同的系統。唯有能突破這兩個系統之間的障壁，才能使舊倫理的生命得以轉化，而建立成新的倫理。

二、一些經驗事實的反思

「生命的轉化」不是一個空虛的概念，而是生活上實際的工夫。「新倫理的建設」也不是一種純理論的研究，而是必須以生活經驗為基礎的。所以本文就從我在美國生活上所碰到的一些小小的經驗事實為引子。

幾年前，我在家中舉行每月一次的關心茶會時，當我們討論到中國的孝道時，我在愛的基礎上，多加了一點犧牲和責任的觀念。當時有位年輕的學生對犧牲和責任兩字非常敏感，大為不解的說：「我的父母沒有對我犧牲、負責，我為什麼要對他們犧牲、負責。」這話聽起來有點逆耳，但也有他的道理。不只是他一人，幾乎所有的西方青年都有這個看法。就這位學生來說，學業好，品性也好。後來他到荷蘭，和一位荷蘭小姐結婚，把他們的結婚照寄給我，第二年，又寄來他新生兒子的相片，信中對他兒子百般愛憐。可見這位學生的心中也有人情和親情。可是在現代西方的文化、教育和日常生活中，他沒有機會接觸到倫理思想的言教。

《世界日報》曾轉載美國某一天主教中學，為了強調正常的婚姻關係，發起了一項別開生面的活動，就是鼓勵學生自願簽署切結書，保證婚前的貞潔，想不到居然有四百多位學生參加。今日美國是一個性開放的國家，許多年輕學生往往以保持貞潔為恥。不論這所學校推行的運動後續如何，但這足以證明有些年輕學生已有此覺醒。倫理道德仍然能被正面的肯定。

有位知名的美國心理學教授，連續三年邀請我在他的「心理的倫理學」課程中，客串講解孔子的倫理學。每次在我演講前，他都給我五個大同小異的問題，希望我用孔子的倫理標準來分析。這些問題如：患有愛滋病的牛郎是否該隔離，或任他操業？三K黨是否能在公眾電視上露臉？太太患了重病，貧窮的丈夫買不起藥物，是否能夠去偷竊？年輕的女教授是否能和她的畢業的年長的男學生發生性關係？一個婦人連續虐待她的三個新生嬰兒，是否該強迫她吃避孕藥？雖然孔子生在古代，沒有接觸過這些問題，但用孔子的倫理標準的話，很容易去判斷這些問題。我當時在該課中舉出孔子倫理應用的原則如下，總原則是生生的精神；細則是：人的價值重於其他萬物（只是比重上的差別，先後而已，所謂仁民愛物，可見仍然愛萬物），精神（道德）的生命重於物質生命，多數人的福祉重於個人快樂，實質意義重於形式意義，家庭溫暖重於其他享受，善的實行重於美和真的追求。這些細則只是我個人歸納孔子和儒家倫理道德的一般原則。古代儒家喜歡用義利之辨、人禽之別等術語，但在今天用起來，可能會產生文字語言模糊的爭論，而在我所舉的細則中，已把真正的意義包含了進去。對於這些原則，也許其他各家，或現代人士有不同的看法，但孔子和儒家倫理道德的標準是非常顯明的。有了這個標準，對於任何問題的判斷便很清楚。不像我在那位心理學教授的課程中，看到學生們分組討論這些問題，各說各話，毫無標準。事實上，他們根本沒有倫理道德的標準，所以討論問題都在私見上、情緒上立論，而這些問題本身也都流於枝節和膚淺。

歸納以上的三個事實，我們對於西方現代生活和倫理的關係有以下三點看法：

1.西方青年缺少培養倫理道德的溫床，這個溫床是家庭，也是學校。但這並不是說他們的心與倫理道德絕緣，如果給予適當的教化，他們仍然會有倫理道德需要的覺醒。

2.在過去，指導西方人們實踐倫理道德的是宗教，在今天，極力欲挽狂瀾於既倒的，也是宗教。可是西方的宗教為科學所衝擊，以及它本身的許多腐敗，很難走進現代人的生活中，把倫理道德變成一種信仰。

3.在西方哲學中，雖然也有倫理學一科，但在整個西方哲學史的演變中，是以形而上學和知識論為主流，倫理學是被視為應用哲學，幾乎排在門外。可是西方的倫理學又染有西方哲學的習性，好談概念理論，而把德性的實踐交給了宗教。這樣一來，由生、理、用的系統來看，西方的倫理學就孤立在理的範疇，上不著天（天道），下不及地（運用）。即使在心理學、社會學的科系方面，也點綴了倫理學的課程，但西方倫理學早已脫離了它的大本源，於是教這些課程的教授們，也都只是在許多現代生活的問題上，作支離和枝節的討論而已。

三、舊倫理與新倫理之間

以上所舉的一些經驗事實，雖然是取自我在美國的生活。事實上，這些現象並不限於美國。也同樣發生在臺灣、在大陸。今天我們的現代化生活是世界性的，而我們所需要的新倫理也是世界性的。以離婚為例，我曾說，上海的離婚率直追臺北，臺北的離婚率直追舊金山。今天，也許早已追上了，甚至還後來居上。離婚的原因雖然各有不同，但離婚所造成的家庭問題、社會問題卻是一樣的。今天我們需要新倫理，也就是為了要防微杜漸的解決這些現代化的、世界性的問題。

當我們提到現代化的新倫理，便暗示了傳統的都是舊倫理，而且還意味著舊倫理已不合時宜，不能滿足今天人們的需要。其實倫理的精神或基本原則並無新舊之分，譬如中國傳統的倫理是講生生，無論新倫理如何新法，不能違反了生生的原則。再如西方傳統的倫理貴乎一個愛字，不論新倫理如何現代化，也不能破壞了愛的真諦。倫理的精神或原則在生活上的實踐和運用，便是禮制、風俗習慣和道德規範。而這些制度、習俗和觀念卻是因時因地而有所不同，如果不能因時因地而加以變革，它們便會僵化，非但失去作用，反而成了障礙。譬如孝道的精神是天經地義的，可是歷史上維護孝道而訂立的制度卻並不是一成不變的。例如三年之喪本是古制，到孔子的時代，已不能完全適合，孔子弟子宰我便提出質疑，孔子也只能迴避這個問題，而直訴諸於孝思的親情。稍後的墨子便把這點當作儒家的缺失，而大倡非葬，激烈的批評。這三年之喪只是一個例子而已。其他生活上的細節，不知凡幾。許多禮制已不合時宜，可是後人非但不能加以變革，反而用法律來維護，再加以由風俗習慣所形成的輿論，這種種外在的、不必要的因素都混入了倫理之中，所以近代人不是把倫理當作吃人的禮教而加以撻伐，便是把倫理看成迂腐不近人情，而加以揚棄，這就是我們今天一般人眼中的舊倫理。

舊倫理既然是這樣一個僵化了的，而且是被誤解、被曲解了的歷史包袱，那麼答案當然很清楚，舊倫理不能指導現代的生活。於是我們便寄望於新倫理來解決問題，可是新倫理又在哪裡呢？在西方，過去指導他們倫理道德的是宗教，可是今天西方的宗教軟弱無力，而且他們仍然板起臉孔說教，並沒有一套解決現代問題的方法。而西方人士也沒有其他方面去汲取教訓，建立新倫理，所以在這方面，他們的心中是一片空白。他們卻稱這片空白為自由。在東方，我們雖然有一套很成熟的哲學思想來指導我們的倫理道德，可是西方的洋槍大炮打垮了我們的信心之後，我們便把這套哲學思想和中國傳統文化一齊拋卻，而大叫西方化。所謂西方化，就是學習如何把這片空白當作自由，這一片空白就是我們的新倫理的空白。

今天我們活在舊倫理與新倫理之間，就是活在這片空白之中，前不見古人，後不見來者，一切都憑著自己的感覺走，唯我而獨大。

四、倫理的根本精神

我們說舊倫理與新倫理之間的這片空白，就是新倫理的空白。這也就是說當舊倫理無法走過這段空白，新倫理也就無法形成，所以新倫理便是一片空白。這話也許有人會質疑，難道我們不能絕對拋棄舊倫理，而另創新倫理嗎？我的答案是，舊倫理的某些形式可以拋棄，而舊倫理的精神不能斬斷。如果斬斷了舊倫理的精神，我們根本無法建立新倫理。我們最多只能稱那是一種新觀念、新思潮，而不能稱為新倫理。因為沒有倫理的精神，又怎能稱為倫理？這個倫理的精神，乃是舊和新一貫相承的。

什麼是倫理的精神？我認為倫理的根本精神就是體承天道生生的真諦，而助成萬物生生的化育。倫理的倫字是指人倫的相處，是生命的延續。按照人類發展的歷史，也許我們可以說由於人們生活上的需要，知道互助互愛的重要，而發為倫理道德，就像國家社會的產生一樣，因為人類有反觀體認的自覺性。我們雖然和其他動物生長在同一個自然環境中，但我們卻能把自然的環境和自己的生活連在一起。我們能從四時的交替中，知道自然生生不息的循環，同時體認到春天萬物的生意，而自覺有責任參與這種生生的化育，這一體認便是倫理觀念的開端。

我們此處只說天道的生生，而不說上帝的愛，或天的無上命令。這是因為天道一面是虛的，一面又是實的。從虛的方面來說，它沒有宗教中上帝或天的權威性。它是自然的、無為的。就實的方面來說，它存在於萬物的生化之中，只要我們參與助成萬物的生化，就是天道生生的作用。所以天道不是高高在上，而是在我們日常生活之中。我們仰承天道，就是在日常生活中去體認、去實踐。

人類的生存和生育，本與動物一樣。但人能體認這種生存、生育和天道生生的關係，而感謝上天給我們那麼好的生存環境，感謝父母生我、育我的辛勞，這一感謝之心，化為報恩之情，便是倫理實踐的基礎。

今天，無論舊倫理的形式有多少不合時宜的地方，有多少需要變革的地方，但這種體承天道生生不已，而參與助成萬物的生化，乃是最根本的倫理思想的精神。唯有把握這一精神，我們才能使舊倫理的生命得以延續，唯有發揮這一精神，我們才能從舊倫理中走出新倫理來。

五、倫理的生命轉化

我們已簡單的提到過，今天倫理之所以衰竭，乃是由於天道生生的倫理精神，不能通貫到倫理的理論上，使理論僵硬化，而成為一種形式和概念，以至於失去了指導倫理實踐的活力。可是天道不是靠談的，談多了又變成了一種空虛的形而上學。至於理論已經被談得夠多、夠複雜了，增加一些理論，也只是平添教條，加重執著而已。所以本節討論倫理生命的轉化，直接在「用」字上著眼。研究如何由實踐的方法，把生、理、用融成一體，而使倫理的生命得以轉化。

在我的〈整體生命轉化的系統〉一文中，討論到如何推動生命轉化的作用，也就是突破兩個系統間的障壁，如我與人、人與物、理論與運用、知識與德性等，使生命能向上提昇。我曾提出五點認識，同樣可以適用於倫理的生命轉化。

(一)忘我

理論上的忘我，並不像許多宗教上的工夫，把這個我根本打消掉，而是在人與人的關係中，把這個阻礙了互相融和的自我獨大的觀念淡化掉。在這裡，「忘」就是暫時放在一邊的意思。

在西方，個人主義盛行，偏鋒的發展，很自然的會導致了倫理道德的瓦解。可是在中國古代以家庭為中心，個人融入家庭中，為什麼仍然有自我觀念獨大的現象？先舉父子一倫來說，傳統倫理講「父慈子孝」，關係是相對的，所謂「父父，子子」，是指雙方各盡本分。可是後來的發展，只在子孝方面強調，而在父慈方面卻略而不談，於是形成了父權的過分膨脹，失去了這一倫的平衡與和諧。再說夫婦一倫，傳統倫理講「夫婦有別」，這是說明夫婦的不同，必須各盡他（她）們的責任。可是傳統禮教，對於妻子的要求非常嚴苛，而對於丈夫的義務卻避而不談，於是便形成夫權的片面擴張，也失去了這一倫的平等與融和。

在古代，由於外在的政治禮制和風俗輿論的維護，使得這些倫理關係雖有偏差，其中的問題還是被粉飾太平了過去。可是到了今天，這些外在的力量失去了作用，倫理的關係便瀕於崩潰。現代的父子一倫，逆轉了過來，子女的自我觀念獨大，總是埋怨父母不了解自己，管得太多，尤其在美國，許多為人老師的，卻經常散布父母虐待子女的思想，加深子女對父母的懷疑。再說夫婦一倫，妻子的自我觀念抬頭，而丈夫的自我獨尊的心態還沒有棄守，於是只有彼此比大，走上離婚一途。

父母子女和夫婦的關係，畢竟是倫理中最基本的關係，今天我們要加強這兩倫，第一步工夫是「忘我」。也就是不要讓這個膨脹的自我、獨大的自我妨礙了彼此的溝通及互相的了解。老子曾說：「有德司契，無德司徹。」（七十九章）司契是指掌管契約，雙方各一，每人只需依照自己份內之事，以盡他的職責。司徹是掌管稅法，只要求對方付稅。此處所謂「忘我」，就是不要把這個自我高懸得像稅法，只要求別人對自己盡責。唯有這樣，倫理才能建築在純粹的親情之上。

(二)推己

倫理是本乎親情，也本乎人情的，無論親情或人情都不能完全無私。前面的「忘我」，只是淡化自我意識，而不是要我們去做到太上忘情，絕欲無私。相反的，在倫理上，還要肯定這個「己」，承認這個「私」。只是實踐的工夫，要把這個「己」或「私」加以轉化，這就是所謂的「推己」。

這個「推己」的「推」字，來自於孟子，他有段話說：

> 老吾老，以及人之老；幼吾幼，以及人之幼，天下可運於掌。《詩》云：「刑于寡妻，至于兄弟，

以御于家邦。」言舉斯心加諸彼而已。故推恩，足以保四海；不推恩，無以保妻子。古之人所以大過人者，無他焉，善推其所為而已矣。〈梁惠王上〉

「推其所為」就是把自己的私心加以轉化，去推愛於人。「老吾老」、「幼吾幼」是私，但想到別人也有老，也有幼，我不能因敬我的老、愛我的幼，而妨礙別人去敬老、愛幼。甚至，我更應把我的敬老、愛幼，推廣去敬別人的老、愛別人的幼。這樣一來，便由「私」而推出了「公」，由一己的倫理，到社會的倫理，再推到政治的倫理。

孟子的這套「推其所為」的理論，是承自孔子的思想。在孔子的哲學中，有兩個最重要的德行，即是「恕」和「仁」。孔子替「恕」下定義說：「己所不欲，勿施於人。」〈衛靈公〉替「仁」下註腳說：「己欲立而立人，己欲達而達人。」〈雍也〉這兩句話中的「己」都是推論的起點，因為只有真正了解自己，才能了解別人。「己所不欲」和「己所欲」都是「私」，都是一種最基本的欲求，這裡面無關乎倫理道德。可是經過自反的體認之後，一轉而「勿施於人」、「立人」、「達人」，便由「私」而「公」，這便是推己而及人，這便是由私心而轉化成倫理道德。

在「忘我」打開了自己的大門後，「推己」便幫助我們很誠意的去輕扣別人的大門。在人與人之間的這道障壁打通後，倫理道德便很容易的建立在互諒互愛的經驗基礎上，這才是活的倫理道德，而不是外面硬性規定的禮制教條了。

㈢返本

這裡所謂「返本」，是指返本還源於道。

「返本」於道是老子哲學的中心思想。為什麼要返於道？除了道是宇宙人生的根本，我們必須回歸於道之外，還有一個在方法上非常重要的作用。就是我們先從複雜的問題中超拔出來，回歸於道的素樸無為，然後再用素樸無為之道，來解決複雜的問題。老子曾說：

> 玄德深矣，遠矣。與物反矣，然後乃至大順。（六十五章）

玄德是指我們返於道的境界，「深」是指深不可識，「遠」是指無遠弗屆。「與物反矣」的「反」有兩義：一是指與物相反，因為物是指萬物和人事，非常複雜，所以我們必須從物和事中超拔出來。一是指與物共返，即是共返於道。這兩義並不矛盾，而是互相銜接的。在返於道之後，再回觀物和事，對於其中的紛紜複雜，便能迎刃而解，所以說是大順。

在倫理的實踐上，我們常會遇到許多衝突的問題，使我們進退兩難，不知所措，可是在我們返本於道之後，便能發現處理問題的癥結所在，把它們加以消解。所以這個「道」是我們處理問題的總原則。

在《孟子》一書中，早已列舉了許多與倫理衝突的故事，如假設舜的父親殺人，舜該如何處理？舜的父親反對舜的婚姻，舜是否該不告而娶？這些問題在後來中國人的生活上都成了難題，譬如忠孝不能兩全，雖然後代的禮教受到政治的影響，勸人移孝為忠。但處理這個難題，我們必須返本於道之後才能作正確的判斷。因為道是生生不已的，如果我們所忠的是有道之君，當然移孝為忠之後，孝便融於忠之內。相反的，所忠的是暴君，那便是愚忠，還談什麼移孝作忠。再說中國古代婚姻生活，父母親往往為了許多外在的因素，如門當戶對等，而反對子女的戀愛，逼子女走上絕路，這都是由於不能返於道來解決這個問題，只一味的執著自己的成見，反而造成適得其反的大錯。

也許有人會質疑，這個道太高深了，不是人人能夠返於道的。其實，儒家的道在日常生活中（《中庸》語），道家的道是易知易行的（《老子》語），禪宗的道就是平常心（馬祖禪師語）。所以真正返本於道，也就是用最簡單、最合乎人情的原則來處理。有一位朋友和我提起，她聽到一位佛學名僧談到他出家的因緣，他有太太和四個孩子，始終捨不下。因為他出家後，他太太會再嫁，他的孩子會變乞丐。後來他想通了，他說為什麼只許別人的妻子改嫁，就捨不得我的太太改嫁？為什麼別人的孩子做乞丐，我就捨不得我的孩子變乞丐。這樣一想，他似乎有民胞物與的情懷，毅然而出了家。聽了這話，我便回答說：「是誰讓他的太太改嫁、孩子變乞丐呢？是他自己啊！」我覺得這位高僧的話太高了，如果能返本於道來看這問題，會發現問題本來很簡單，只是人們的成見製造出這些難題。就拿一九九四年臺灣某禪寺出家的風波，一百多位大專學生出家，和家人斷絕音信，幾十位家人在佛寺前抗議，哭成一團，這又豈是造成一家哭，而是一路哭、整個倫理的哭了。

我們說返本於道，說穿了，就是不要自以為是道，而阻斷了真正的道。真正的道是無為的、素樸的，是那麼的自然，而通乎人情世故的。

㈣致用

這裡「致用」兩字採自《易經・繫辭傳下》「精義入神以致用也」，是指義理深造於道之後，必須通乎實用。同時也意味了「致用」不是草率的、泛泛的，而是有入神的精義為後盾的。

倫理的歷史發展有兩個層次。下面的層次，就是人們的生活經驗、風俗習慣。譬如《孟子》書中便描寫古人看見自己的親人棄屍山野，為鳥獸所吞食，心中不忍，便以物體遮蔽。這就是喪葬禮儀的開始。上面的層次，是聖哲們仰承天道，以他們的睿智，為人類建立道德制度，如周公的制禮作樂。這兩個層次的發展是互相交流的，在上層次的「理」，時時指導和修正在下層次的「用」，這就是所謂移風易俗的教化。下層次的人們在日用中，雖然有時曲解了「理」，而在「禮」上走偏了；有時違反了「理」，而在「禮」上走錯了。但人們的日用，畢竟是真實的生活，有時他們的背棄禮制，也表顯了禮制的不合時宜，以及人性需要的另一面。《漢書・藝文志》中描寫小說家時曾引證：「孔子曰：『雖小道，必有可觀者焉。致遠恐泥，是以君子弗為也。』」在下層次的一些反響，就是小道，但也有可觀的道理，所以在上一層次的聖哲們必須了解下一層次的反應，而修正他們自身的理論和傳統的制度，以適合人們的需要，但「致遠恐泥」，並不是說一味的跟著他們走，而是在符合他們的欲求時，再指導他們正確的生活。

以上這段話說明「致用」的重要，雖然是就倫理的歷史發展來看的，但在今天尤其重要。《漢書・藝文志》中又引證：「仲尼有言：『禮失而求諸野。』」這句話是指在上層社會的禮制崩潰後，而在下層社會還保留了許多禮的傳統。這句話對今天的社會，具有特別的意義。譬如當我們看到電視中立法院的代表們毆打漫罵，藐視禮法。報紙上政治人物的不講誠信，以及人們的唯利是圖，唯名是爭，因而感歎倫理道德的敗壞。其實這只是某一部分的現象，而不能代表全體如此。假定一個立法委員有五萬選票，那麼他的行為是否就代表五萬個選民呢？再如許多回中國大陸旅遊探親的華僑和留學生們，都憂慮大陸社會人心的只知賺錢，而罔顧倫理道德。難道十二億的人口都是如此？當然不是。這只是上層的，或某一部分的「失禮」而已。極大多數的小市民們、小農民們仍然還保留有良知、良心。今天我們強調倫理的「致用」，就是要在這個良知、良心猶存的多數人中做起。不要讓上層的敗壞腐蝕了我們社會的根部。相反的，我們應從根部好好保養，而向上迴流。

㈤成德

這標題在我的〈整體生命轉化的系統〉一文中是講「轉知以成德」。因為知識和德行的兩個系統往往是被割裂的。在西方哲學中，自亞里斯多德以來，知識和道德便分道揚鑣。其實到了後來，他們講的道德也是一種知識，他們的道德知識和實踐的德行是分裂的。在中國哲學裡，這種情形比較好一點，因為我們的哲學是以倫理道德為重心，是以實踐德行為動力。所以在聖哲的言教中，隨時都點醒我們要「轉知以成德」。

不過，「知」和「德」的分離，在倫理的實踐上，仍然是一個大問題，這在《老子》書中早已提到，如「六親不和，有孝慈」（第十八章），這裡的「孝慈」是倫理的知識。「絕仁棄義，民復孝慈」（第十九章），這裡的「孝慈」便是倫理的實行。可見要轉化這些道德的「知」，而成為實踐的「德」，正是中國哲學最重要的課題。

這裡我們講「成德」，就是要把外在的倫理道德，變成內在的德性，這樣便由心而發，易於實踐。在美國的教室中，當我用到道德（morality）一詞時，學生們都蹙了眉頭，一臉深不以為然的表情。後來我改用德性（virtue）一詞，然後再加以強調為內在的德性（inner virtue），他們便會心的微笑。於是我就詞鋒一轉，告訴他們，西方宗教講原罪，因此西方人士都不易接受性善的思想，而把道德看作外在強迫他們去做的教條。至於他們聽到內在德性而欣慰，乃是因為他們受到道家思想的影響，知道老莊推崇的德性都是內在的。我更進一步指出，雖然人性究竟是善是惡，並無定論，但傳統的中國教育從人在孩提時，便把倫理道德的種子播在他們的心田中，因此這些種子萌芽、成長，就像它們是我們心性中本有的。所以當中國人提到性善，好像是很自然的，提到倫理道德，也視同天經地義一樣的。

以上這段話就是說明，我們如果希望倫理道德有活力，就像一顆種子一樣，必須種在心田中，使它成為內在的德性，才能很自然的實踐出來。

總結以上五點：忘我、推己、返本、致用，和成德，是中國哲學保持整體生命活力的方法，也是今天我們要維護倫理的根本精神，從舊倫理中走出新倫理的生命轉化的工夫。

六、新倫理建設的基礎

今天，我們建設新倫理，不是憑空去設立一些原則或規範，而是先把倫理的根，種植在土地中，然後才能生枝發葉。無論是舊倫理或新倫理都需要同一塊土地，就是家庭。所以重建家庭的系統，乃是新倫理建設的基礎。

我們說「重建」兩字，這是因為近幾十年來，家庭系統一直受到有意或無意的破壞，如自由思潮、享樂主義、頹廢心理，以及偏差的教育觀念、病態的社會結構等等，都在腐蝕著家庭系統。在這樣一個家庭愈來愈破裂的社會中，我們又如何能奢談重建家庭的系統？這豈不是好像在一片沙土上去構築新倫理的地基嗎？

其實，事情並不是那麼的令人悲觀。我們從兩個新聞消息中可以看出即使家庭關係最亂的美國人，也有了回心轉意的覺醒。第一個新聞來自最上層，就是美國國會已否決了同性戀的婚姻，這表示了他們有心建立夫妻正常的家庭關係。第二個新聞卻是標準的「小道」消息，就是有幾百萬訂戶的《超人》

漫畫集，自一九三八年問世以來，男女主角在漫長的五十八年戀愛之後，該畫集的繪畫組終於要安排他們結婚了，而且還義正詞嚴的說：「他們不是查理王子和戴安娜王妃，任何相信真理、正義和美國規範的人都不會離婚的。」這兩則消息雖然不能證明什麼，但至少反映了美國社會人心對重視正常婚姻和家庭關係的趨向。

這也許是一個轉變的關鍵，如果有心人士能夠把握這個機會，重建家庭系統正是我們的當務之急。而重建家庭系統和建設新倫理卻是表裡相關、相輔相成的。

在重建家庭系統時，我們所要建設的新倫理至少有五個基本的特色，這五個特色也正是由前面生命轉化的五個工夫而來的。這五個特色是：

1. 犧牲

前面的「忘我」，轉到新倫理上就是「犧牲的精神」。現代人一聽到犧牲兩字就不悅，他們第一個反應便是：「為什麼要我犧牲，而不是別人？」今天所有社會的問題就是起於這一念。因為在社會上，我為別人犧牲，而別人非但不為我犧牲，反而利用我的犧牲而自利，不僅如此，還把我當作笨蛋，把我犧牲得乾乾淨淨，所以為了自保，在社會上都不敢輕言犧牲自己，而只求別人犧牲。但犧牲畢竟是人類的美德，沒有這個善德，人群便無法和諧相處。因此我們只有在家庭中培養這種犧牲的精神，因為在家庭中，任何一個人的犧牲都不會被利用，相反的，卻促成了彼此的和諧，而成全了家庭的幸福。每次當我看到孕婦們挺了個大肚子，行動不方便；看到男士們像袋鼠似的帶了個嬰兒在胸前，失去了男人的活力，我就覺得他們是犧牲了很多，但這種犧牲是有希望的。

2. 關心

前面的「推己」，轉到新倫理上就是「關心的意識」。我在一本《關心茶》的書中一連寫了五篇文字強調關心意識。我以為人類最基本的意識就是關心自己。我用關心意識代替心理學上的自我意識，因為由自我很容易就走上自私。至於關心自己雖然也會變成自私，但卻可以轉化而關心別人。不過由關心自己到關心別人之間有一道障壁，必須突破。這道障壁就是人、我之間的形體的隔閡。譬如我對自己的痛苦，可以很直接體驗到，可是對別人的痛苦便只有間接的推想罷了。這就是因為痛的感覺在自己身上，別人的痛不能移轉到自己身上，但有一種情形例外，就是父母與子女的關係。當我們聽到朋友的孩子徹夜未歸，我們雖然替他們擔心，但我們仍然能入睡，可是自己的孩子整夜不回的話，我們一定焦慮得一夜不眠，即所謂十指連心之痛。所以在家庭中培養的這種關心意識，是可以突破形體的間隔，然後再推轉到外在，便較為容易的關懷別人、體諒別人了。

3. 親情

前面的「返本」，轉到新倫理上就是「親情的溫暖」。親情本是倫理的骨髓，可是舊倫理中由於外在禮制的過分強調或僵化，因此使禮制蓋過了親情。由父慈變成父嚴，由子孝變為子順，這樣使舊倫理變得冰冷冷的，缺少了至情的溫暖。可是到了近代，雖然外在的禮制崩潰了，可是西方的自由主義、唯物思想卻乘虛而入，內在的親情卻頻遭破壞。大家都追求個人的權利和物質的享樂，而忘了親情的溫暖。今天我們建設新的倫理就是要重新認識親情溫暖的重要，在面對今天社會上流行的「寒熱病」——爭名奪利的「熱」，人情淡薄的「寒」，只有親情的溫暖，才能使我們保養好健全的心身，以應付外在的一切引誘，把家庭的溫暖，轉變成社會的溫暖。

4. 習慣

前面的「致用」，轉到新倫理上就是「習慣的培養」。在古代，家庭是倫理道德訓練的最重要的場合，所謂灑掃應對，就是做人的開始。在今天，社會上沒有禮制，教育上沒有規矩，善良的風氣蕩然而不存，我們如果只一味強調倫理道德的理論和教言，並不能產生轉化的功效。就像中學裡的文化基本教材，只變成考試的一個項目罷了。為了真正深入於日常生活，新倫理的建設應在家庭中，培養良好的習慣，譬如在中國德性的哲學裡，講誠、講敬，原始儒家和宋明儒家都有一大套理論，教我們去存誠用敬，如程明道終日把誠敬兩字存在心中，程伊川在坐船遇風浪時，用一個敬字入定。這種工夫也不是一般人所能做得到的。可是我們如果教導孩子不要說謊，使不說謊成為一種習慣，這並不需要很深的哲理與道德教言。但能夠真正做到不喜歡說謊，誠敬的道理早已存在其中了。再說教導孩子愛護動物，及不要拿洋娃娃做出氣筒等，這是孩子們容易了解的，但如果把這些行為變成了習慣，所謂仁愛的道德也已經存在其中了。孩子們長大後，也自能仁民而愛物。所以不要小看那小小的習慣，它們卻是新倫理建設最重要的一環。

5. 責任

前面的「成德」，轉到新倫理上，就是「責任心的養成」。倫理是重視人與人之間的關係，有關係就有責任。父母生了子女，就有父母子女的關係，父母對子女就有養育的責任，子女對父母也因而有孝敬的責任。這種責任本來是很自然的，可是責任有時是一種負擔，負擔太重，便有意要規避。現代人為了規避責任，乾脆不結婚，做個單身貴族，但有時掉入情網，結婚生子，最後還是以離婚終結，雖然須付妻子兒女的贍養費，卻逃之夭夭，單親的家庭，便變成了政府的負擔。最近美國政府赤字連連，也不願替不肖的子孫負責，於是便通過法案，強迫為人夫、為人父者必須負起應有的責任。美國政府為了財政的原因，卻歪打正著的強調家庭責任的重要，不過他們所做的仍然只是訴諸於外在的法律。如果不能由內在去養成責任心，可能將來還會造就更多的單身貴族。所以今天我們在建設新倫理中，要從內在去養成人們的責任心。譬如在家庭中，使孩子們從小就感覺是家庭的一員，而有分擔一切的責任心。當責任心成為一種內在的德行，自己樂意去承擔，便不會感覺那是外在拖累而刻意的去逃避了。

七、現代化與新倫理的心理建設

「現代化」與「新倫理」這兩個名詞的概念都是相當模糊的。先就「現代化」一詞來說，這個「化」字有兩個意義：一是變化，一是轉化。前者是指自然的變化。今天我們生活的時代就是現代，其實孔子生活的時代也是他的現代。現代的變化是事實，我們很難加以選擇。就今天的現代化來說，是跟著科學的步子起舞，我們接受科學的發明愈新，便是愈現代化。這種現代化是中性的，也是沒有止境的。今天大多數人就是走在這條路上。當科學的中性把倫理漂成了一片空白，他們就生活在這片空白中，既不知舊倫理，也沒有新倫理的需要。後者的轉化是指理智或德性對現代化的反思，而有意去加以改造的作用。其實這該稱為「化現代」，即轉化現代。也就是說，我們生活在科學的現代化，並不一定要跟著科學的步子起舞。我們要調整自己的步伐，使我們走在現代化中而不致迷失。這就是我們對於建設新倫理的需要。

談到建設新倫理，不僅在美國，而且在海峽兩岸的臺灣和大陸，我們看不出有任何撥土動工的跡象。我們只看到有一部分人根本不談倫理，只講愛拚才能贏；也有一部分人猶依戀舊倫理的觀念，可是他們面對現代化的許多衝擊，又無法抵抗，就像有些父母對子女的行為不以為然，可是為了維持這份情感關係，只好調整自己，於是把自己信守的舊觀念，每退一步，放一點，直到放完為止。還有一部分人，也是極大部分的人，生活在現代，並沒有意識到現代化，他們承襲了舊倫理的一些觀念，但也沒有維護的意圖。可是有一天，某些遭遇發生了，他們才發現舊倫理的可貴和需要。譬如一九九四年臺灣某禪寺的出家風波，家長們拿的布條上寫的是「佛教不離人倫」，仍然是祭起了舊倫理的旗子。在這裡有個有趣的對比，家庭方面代表舊倫理，寺院方面代表舊傳統，這些剛出家的僧尼都是大專的學生，正是接受現代觀念的新新人類，打個不倫的譬喻，倒有點像《白蛇傳》中的法海、白蛇和許仙的故事。對於這一個衝突，我們還看不出有任何新倫理的法則來解決這個問題。

提起了《白蛇傳》，使我們有了另一點聯想。因為《白蛇傳》中對於這個衝突也束手無策，最後只有把白蛇犧牲掉。我們看到在出家風波中，有位母親最後投降，親自把女兒送回禪寺，還慷慨捐了一大筆款子，眼淚汪汪，一語不發，掉頭就走，心中的淒苦，不下於雷鋒塔中的白蛇，然而《白蛇傳》一書的結局仍然轉悲為喜，就是白蛇的兒子中了狀元再回來把雷鋒塔哭倒了，這不正象徵舊倫理雖然被犧牲了，我們還可以耐心的等待新倫理的建設來扭轉乾坤。

白蛇之子的出現，代表新倫理，他的至情之所以能感動天地，是由於一種為人子女的感恩之心。這使我們聯想到新倫理的建設中，這種感恩之心的重要。在舊倫理中，我們強調這種感恩之心往往是單方面的，如感天地之恩、感父母之恩、感君王之恩。可是現代新倫理的建設中，我們把感恩兩字改為感謝，用在雙方面，不僅子女需感謝父母的養育之恩，同時父母對於子女的孝敬也須有感謝之意。同樣人民感謝政府，政府也感謝人民，妻子感謝丈夫，丈夫也感謝妻子。如果在家庭中、社會上，大家都具有這份感謝之心，整個新倫理的建設便有了在心理上的穩固的基礎了。

易德的生命轉化工夫如何引導我們走向二十一世紀

一、《易經》的重新認識

《易經》是一部至少有三千年歷史的經典，充滿了神奇性與傳奇性。它一出世，便在最高的宮廷中掌管了國家重大的事務。傳說所謂「易歷三聖」，可見它又和我們歷史上最有智慧的聖人發生關係。在孔子和他的後學者為它寫了傳注之後，它一面走入了學術的堂奧，成為「群經之首」；一面又走入了民間，成為一般人奉為指導禍福吉凶的天書。到了漢代，更摻雜了象數、陰陽、五行、讖緯等學說，使得《易經》在原始的面目之上塗脂抹粉，更增加了不少新的成分，也平添了不少的光怪陸離，一直演變到今天，從好的方面來說，《易經》涵蓋了中國哲學裡重要的天人之學，其影響達於政治、醫學，及人生修養各方面；而從不好的方面來說，它混雜了各種神秘思想、似是而非的方術，也影響了一般人的生活。

歸納古今學者及一般人的運用《易經》，大致有以下幾種特色：

1.占卜斷事之《易》

《易經》的原始面貌為占卜之書。關於周代的占卜情形，依據《尚書・洪範》所載為君王稽疑之用，如：「立時人作卜筮，三人占，則從二人之言。汝則有大疑，謀及乃心，謀及卿士，謀及庶人，謀及卜筮。」可見《易經》的占卦只是在君王有疑問時，參考自己、卿士和庶人各種意見中的一種，並非有不可違反的天意的權威性。這也足證原始《易經》的素樸。〈洪範〉一文相傳武王滅紂時，為箕子所寫，離文王作《易》不遠。雖然後人考證〈洪範〉一文可能出於戰國時人手筆，但對於這段易卜稽疑的話，再參考《左傳》中許多占易的故事，可以看出這種占卜斷事的特色，應是《易經》的原始面目。

2.儒家政道之《易》

「十翼」是《易經》最早的傳和注，事實上，它已成為《易經》的一部分。沒有它，《易經》非但不可讀，而且也不能成為經。「十翼」是孔子思想和孔門弟子對《易經》研究的集成，是它把《易經》帶入了哲學的堂奧，成為政治和人生之道的運用。這一路向本來就是從原始易占中開展出來的。如果《易經》為文王所作，而周代的易占又掌於王官，那麼政治和人生的運用自然是《易經》發展的大路。

3.象數氣化之《易》

《易經》到了漢代，逐漸脫離了原始素樸的面貌，而走入了一個複雜的新領域，這就是所謂象數之《易》。象和數在「十翼」中早有根源，但漢代的象數之《易》，只是掇拾了《易傳》中象和數的概念，大加發揮，再混合了當時流行的陰陽、五行、干支、星象、方位等各種理論，而形成各種不同的派別。

4. 道教修煉之《易》

這是從漢代修煉之《易》，到了魏晉時期逐漸被神仙家運用為丹道修煉之學。這一發展，也混雜了中醫、氣功、堪輿、風水等各種理論與術數。它們都奉《易經》為最高指導原理，事實上，所採取只是象數和陰陽氣化，離原始《易經》，顯然是愈走愈遠了。

5. 卦內求象之《易》

《易經》本來是依據「天垂象」，而「聖人則之」，也就是根據卦象，以推求如何行事，才能附合天道。可是後世的《易》學家，為了解釋爻辭，提出了錯綜及中爻等各種理論，以求把爻辭解通，這是從卦內去解象，這與聖人作《易》，要我們觀天地之象，似乎有點離本而逐末了。

6. 史事考證之《易》

這是把《易經》當作古代占卜之書的歷史事實來看。雖然占卜有神秘的色彩，但占卜之書的產生，以及卦爻所繫的文字，都有時代的背景及歷史的事實。今天許多研究歷史的學者，都把《易經》當作一種上古的文獻來考證。

7. 科學數理之《易》

這是近代的一些學者，有意把《易經》和科學及數理拉上關係。有的認為《易經》發明了五度空間，有的以為《易經》含有最高的數學原理，這種研究都只是就科學上某方面的成就試圖從《易經》中去發現在這方面有關的問題而已。好的方面，也許又把《易經》帶入了一個新的領域；而壞的方面，卻使《易經》穿上了假科學的外衣，走入了一種更為唬人的迷信路子。

8.算命預測之《易》

這裡用「算命」兩字，當然有貶的意思。《易經》雖出身占卜，但與後代及一般人所謂的算命的術數不同。這種術數內容之雜、影響之廣，卻遠超過《易經》學理之研究。尤其近代，又有人把它變成預測學，認為透過《易經》，可以了解世界股票市場、可以知道美國國防機密等等，於是《易經》又多了一項特異功能。

9.心理治療之《易》

這可能是《易經》在國外發展的一個新的方向。自德國學者衛禮賢的《易經》譯本問世，心理學分析大師榮格作序之後，由於榮格對衛氏譯本的推崇，也就把榮格的心理分析學派和《易經》連在一起。今天，這一派的治療師們幾乎把衛氏譯本當作《聖經》，不僅人手一冊，而且對衛氏的六十四卦翻譯都能記誦，甚至把衛氏的注解當作《易經》原文，直接用在治療上。

以上所列各點，大約可以概括《易經》運用和發展上的主要路向。在這裡限於本文內容，我們無需詳細檢討和評論它們。但本節標題強調「重新認識」，雖然意味著在以上各種發展之外，還有新的路向，不過「重新」兩字也說明了這不是憑空的創造，而是在《易經》和「十翼」中本來就有的。只是前人雖然也重視到、運用過，卻未能有系統的開展出來。

那麼重新認識又是認識個什麼呢？筆者的淺見，總以為歷來《易經》的運用不外乎兩個系統：一是陰陽系統，一是剛柔系統。前者是藉宇宙的陰陽原理，以控制外在的變化；後者是藉物性的剛柔作用，以把握人事的變化。這兩者都是對外在的應變，也就是說歷來學《易》者，都只求控制外在的變化，以解決問題，他們幾乎都忽略了自己德性在參與《易經》變化中的重要性。事實上，「十翼」中對於德性也非常重視，但德性的修養是需要反躬自省，和長時間的培養，可是很多人學《易》，只希望很快的抓住變化的契機而得到利益，這樣反而失去了《易經》的真精神。本節所謂「重新認識」就是重新確認德性在《易經》中的重要地位，希望建立德性的系統，把《易經》變為一套修養德性的學問和工夫。

二、從《易經》的德性系統看《易經》的特色

筆者強調易德，本來也是承繼了「十翼」中的儒家思想，以及宋代的儒理之《易》。不過為了對應陰陽、剛柔，筆者試圖把易德更具體地與《易經》的每個爻接合在一起，而提出誠和謙兩個主要的德性。以誠代表陽爻，以謙代表陰爻。筆者之所以如此詮釋，除了《易經》中本有誠（中孚）、謙兩個卦，以及卦爻辭中的「孚」字，傳統的哲學詮釋都作誠字解，另外還有個人的一些實際經驗。自一九八六

年開始有位美國的心理治療師泰德向筆者學習中國哲學，他對於李雅各及衛禮賢的《易經》翻譯及解說研究得非常透徹，他對於陰陽、剛柔之理也相當的了解，可是在實際生活上，什麼是陰、陽？什麼是剛、柔？要怎樣相和？要如何相推？他卻完全不知所措。基於這個原因，後來筆者在解釋爻辭作用的時候，遇到陽爻，以誠來表達；遇到陰爻，以謙來表達，這樣他便立刻能把陰陽、剛柔的易理，和自己的德性連在一起，使《易經》從模糊不清的抽象，轉變到具體的行為。由於這一經驗，使筆者更積極的去做把《易經》轉入易德的工作。於是在一九九八年出版了一本英文的《易經與易德》，作課堂上教學之用。筆者對於《易經》的占卜，始終存有戒心，因為在爻辭上常有凶、悔等，如果對易理沒有深切了解的人占到了這些爻，便會影響他們的心理，甚至行動。所以筆者在該書的運用中，都避開凶、悔等字，而改為正面的、鼓勵的辭語。這也就是用誠、謙去建立《易經》的德性系統，由誠、謙的修養去改變一切。

筆者曾應舊金山榮格心理學研究所之邀，參加一個《易經》與榮格心理學的討論會。與會的聽眾都是榮格心理學的治療師，他們研究《易經》都有五年、十年之久，而且也把衛禮賢的《易經》譯注用在心理治療上。由於衛氏的譯注有時混入了他自己的看法或臆解，這些心理學家們沒有中國語文的能力，不能閱讀原著，於是把衛氏的注釋也當作《易經》原文，衛氏的臆解也變成了神的意志。為了要澄清這種錯誤，還《易經》一個素樸的本來面目，筆者在該會中提出了由易德來看《易經》的十個特色如下：

1. 不是神秘的

就易占本身來說雖有神秘的色彩，可是就六十四卦的爻辭來看，都是事物與行為的描寫，並沒有神秘的語言和涵義。再就當時的運用來說，無論是〈洪範〉或《左傳》中的例子，都是以事理為主。尤其孔子和後學者的「十翼」，無異為《易經》開了一個天窗，揭露了神秘面紗後面的主導者，不是神祇，而是朗朗乾坤的一套理法，也就是所謂的天道或天理。

2. 不是迷信的

迷信和神秘不同。神秘是「知」對「不可知」的一種信念，而迷信卻是把自己的無知去曲解了「不可知」。然而在運用上，由於涉及不可知，它們之間又多多少少有許多關聯。自占卜之《易》流行於民間後，很多人對易理一無所知，而把《易經》當作某些寺廟內所供的籤條，問婚配對象、問升官發財、問賭博輸贏，這種種的問題又哪是聖哲作《易》的本懷？易理重感應，對應這些無知的迷信，《易經》的回答也是無知的迷信。這就同鏡子的反照，自愚的人所得的是自愚，而反照作用的易理卻是不變的真實。

3. 是合理的

這裡所謂合理並不是指某些預設的理論體系，如神秘的煉丹之學、算命的術數之書也都有它們言之鑿鑿的理論，但究之事實，都屬模稜兩可之說。至於《易經》的「合理」，乃是合於經驗事實之理。雖然根據「十翼」所敘，爻位之間一三五與二四六的對應也是一種預設的理論，可是這種理論用之於家庭、政治及人際關係，講配合、講和諧卻是近情合理的。所謂文王的演《易》，就是把易理從過去的經驗中推演出來的，今天我們用《易》也就是把它們還歸於經驗事理，去驗證合不合理。

4.是利人利物的

在〈繫辭傳〉中曾描寫作《易》者「其有憂患乎」？所謂「憂患」，就是「先天下之憂」的關懷蒼生疾苦的心情。《易經》的道理，就是藉陰陽相和，萬物化生，而勸說人與人之間的和諧，以達到社會安定、天下太平的理想，這是作《易》者的憂患，也是他的苦心。所以易理是強調「利者，義之和」（〈乾．文言〉），是要大家各蒙其利，尤其是以利人利物為前提，而個人的小利，也就在利人利物之中。

5.是操之在我的

爻辭上講吉凶，只是就卦象和爻位的關係來說，表面上，好像是固定的，其實爻辭都是一種建議，而不是最後的裁決。爻辭上告訴我們這樣做是凶，如果我們避免這樣做，便會避掉了凶。相反的，即使是吉，我們違反它，逆向而行，最後非但不能致吉，反而速凶。這也就是說《易經》上講的吉凶禍福不是命定的，而是完全操之在我的。

6.可以轉化「變化」的

《易經》是講變化之書。變化兩字連言乃是指天地間的一切變動，但如果把變化兩字分開來，變是指自然的、機械的、向前的發展，而化是指人為的、精神的、向上的提昇。所謂轉化「變化」，就是說我們生存在這個一直在變的宇宙間，我們的形體為變所變，我們不能逃出生、老、病、死的律則，可是我們的智慧、德性、精神，卻可以轉化這個變。這不是說我們可以不生、不老、不病、不死，而是我們能轉化生、老、病、死的意義，儘管有老、有病、有死，卻生得有價值、有光輝。

7.可以訓練自己的

《易經》六十四卦是宇宙人生變化的六十四個範疇，但《易經》的範疇與西洋哲學裡觀念分析的範疇不同，六十四卦是六十四種環境、六十四種變動，它們之間又是相互對應、相互交錯的。至於每一卦有六爻，代表了人事上的六種關係、六種應變的作用。因此我們研究《易經》就是透過這些卦爻的現象去面臨一切可能的事變。也許在真實的人生中，這些事變還沒有發生，但易理的研析，卻訓練我們從不同的角度、不同的層次去思考一個問題，使我們的思想更縝密、活潑，而善於應變。

8.可以修養德性的

當我們把陰陽、剛柔的作用轉化成誠、謙兩德，也就把整個《易經》與內在的德性連在一起。我們運用《易經》時，總不離陰陽兩爻。占到陽爻時，是剛，但如何用剛？用剛而不至於剛愎，不至於獨斷，就必須涵養心中的至誠之德。占到陰爻時，是柔，但如何用柔？用柔而不致流於退縮，或以陰柔為手段，就必須涵養心中謙和之氣。這樣一來，《易經》便不只是占卜個人前途得失、命運吉凶之書，而是一部更為具體有效去修養德性的書。所謂「具體有效」，是因為這裡的誠和謙，不是概念的德性，不是孤離的德性，而是與實際的事變有直接關係的德性，而是能運用在日常生活中，可以解決問題的德性。

9.可以汲取前人的智慧

《易經》自孔子及其門人作「十翼」後，便走入了哲學的領域。「十翼」也正代表了儒家對天人之間的看法，而在這些文字中也充滿了他們藉天道以處理人事的智慧。此後，每代的學者們研究《易經》，都附上了他們自己的經驗、見解和學養。因此一部《易經》的研究史和注解，無異彙集了前代學者們的智慧。今天我們研究《易經》，縱然無法直窺原始占卜的究竟，但這些前人留下的智慧，卻已使我們受用不盡。

10.可以發展自己的智慧

我們生活在世間的一切遭遇，無論是自己的親身經歷，或看到、聽到別人的作為，都值得我們反思和借鏡。可是這些經驗，只是片段的，在當時，或許很生動，但事過境遷，卻容易忘忽。這也許是人腦的功能，常常把不快樂的事，有選擇性的忘掉，所以人們的錯誤，往往是一犯再犯。至於《易經》儲藏了前人的各種經驗和智慧，同時，也輸入了個人的經驗和智慧，就像一部個人的電腦，我們隨時可以用它去解決問題，也就隨時可以發展我們自己的智慧。

三、易德與生命轉化的工夫

一般來說，《易經》是一本講變化的書，或較為正確的說，是一本講應變的書；但就易德來說，《易經》應該是一本講生命轉化的書。講變化，只是陳述天地間一切變動的事實，西方哲學中的宇宙論即是研究這方面的學說。講應變，是用人類的理智去把握外在的變化，一切應用的理論，如西方的科學技術，中國的政治、兵法，以及傳統《易經》的運用，都是走這一條路線的學說。至於所謂生命轉化，乃是把宇宙人生融在一起，成為一個整體的生命。宇宙不是一個物質的場合，而是涵蓋了萬物變化的生命體，尤其人的參與其中，人對自己生命的轉化，使生命有意義、有價值、有光輝，同時也就轉化了宇宙的生命。

人之所以能轉化生命的意義，在於人具有德和知兩種其他動物所沒有的特性。德是德性，而知卻有兩種，一是知識，一是智慧。知識雖然可以保護生命，延長生命，但有時失控，也會破壞生命，只有智慧才能使生命有意義、有價值，所以真正能轉化生命的是智慧和德性。

一般都把《易經》當作占卜之書，而占卜的靈驗卻是神秘的。其實就哲學的觀點來看，《易經》的前身雖是占卜，可是聖人繫《易》卻是寓智慧和德性於占卜，所謂「神道以設教」。這裡的「神」不是神秘的神，更不是怪力亂神的神，而是神而化之、神明其德的神。孔子說：「人能弘道，非道弘人。」（《論語・衛靈公》）正是這種人的神化與神明。易理的精神就在維繫人與人之間的和諧，以促進「萬國咸寧」（〈乾・彖傳〉）；再追求人與天之間的和諧，以助成天地之化育。這也正是《中庸》上所謂的「致中和，天地位焉，萬物育焉」。這也即是宇宙和人的整體生命轉化的境界。至於如何才能達到這一境地？聖人作《易》就是提示我們這套智慧和德性的運用。

智慧和德性在易理上，可以用乾、坤兩卦的作用來說明。乾，按照〈繫辭傳〉上所說是「乾知大始」（第一章）。這不是說乾能知道大始，如果是這樣的話，「知」是動詞，乾便成為能知的主體。這種人格化的解釋，是不合於乾的原則的。這句話似應解作乾的知性或智慧是能光大萬化的始端。這與下一句「坤作成物」解作坤的作用在成就萬物，正好語法相對。那麼乾的智慧又如何能光大萬化的始端呢？因為乾元的純陽之氣，是萬物的肇始。〈乾・彖傳〉說：「大哉乾元，萬物資始。」這裡說資始，是資之而始，與上帝的創造萬物不同。接著〈乾・彖傳〉又說：「大明終始，六位時成。」「乾道變化，各正性命，保合大和，乃利貞。」可見乾道乃是在變化中，使萬物的性命各得其正，各保其和，這是萬化始生的條件，而能維護其正、維持其和，就是乾的智慧。這種智慧是大明的，彰顯在《易》乾卦的六個爻位上，由初爻到上爻，也就和萬物的終始、萬化的歷程同一步調，所以說「乾知大始」。

再就坤卦來說，它的作用在於成物。〈坤・彖傳〉說：「至哉坤元，萬物資生。」資生也不是創生，而是資之而生。就像大地一樣，它不是創造主而憑空創生萬物，它只是提供了萬物生育的環境，使萬物得到它的庇護而發育生長。這是一種偉大的德性，所以〈坤・彖傳〉又說：「坤厚載物，德合無疆。」

然而乾坤的知與德雖然光大和孕育了生命，但乾坤畢竟是天地之道，而我們人如何參與其中，把乾坤的知和德轉成人的知與德，再轉化生命，去助成天地的化育呢？這個把乾坤轉成人的知與德，就是誠和謙。乾坤，我們無法修養，但由乾坤而落實的誠和謙卻是我們可以修養的。

那麼，為什麼誠謙是乾坤的落實，也就是說天地之道在人身上的體現呢？先看誠字，誠是生命的本質，是天和人所共具的，《中庸》上說：「誠者，天之道；誠之者，人之道也。」我們通常看到這個誠，都當作一般道德的誠實和誠信的誠，其實《中庸》裡的這個誠字，是把一般道德的誠提昇上去，成為宇宙萬物生命的實體，所謂「不誠無物」。由易理來說，就是乾元一氣，這是人與萬物所共稟的，也是人與萬物共具的性，所謂「天命之謂性」。而人與萬物的不同，就是人能自覺這個誠，光大這個誠，這也即是說人與萬物同有生命，人卻能開展生命，弘揚生命，這就是人之所以能轉化生命的工夫。

乾道是「動也直」的，雖然能「資始」，卻需要坤道的含蘊，才能「資生」。同樣，誠的「天道」也是直往不止的，所謂「至誠無息」，但《中庸》上又說：「其次致曲，曲能有誠。」致曲是繞一彎子來完成的，這種作用就是地道。像地的生物，先把種子往下栽，然後種子發芽，又往上生長，這就是曲線的發展，是坤道或地道的路線。在易卦或易德來說就是謙。謙卦的象是地中有山，山為地所蓋，這是謙德的不露光芒。可是山的陽氣卻往上發展，這也就是曲成之道。

我們之所以強調誠謙，因為誠謙正是乾坤、天地、陰陽、剛柔等易理最基本的結構在我們德性上的兩大作用，使我們通過誠謙的修養工夫，不僅使我們自己的生命得到轉化，而且能和天地精神相契，與宇宙萬物同化。

四、從《易經》前十卦看易德與二十一世紀轉化的契機

今天我們剛邁入二十一世紀，有的人是帶著驕矜的態度，以為二十一世紀是我們可以控制的世界；有的人是帶著惶恐的心情，深怕二十一世紀有許多人力無法解決的災難；有的人卻是懵懵懂懂，毫無感覺。然而鑑古今以知未來，我們從今天所面臨的許多問題，由於這些問題在今天也沒有完全解決，因此我們可以預知在二十一世紀也必然是一些最重要的大問題。

《易經》雖然是三千年前的作品，但《易經》中的許多易理卻可以提供我們在生活上應變的原則，在中國歷史上記載了不少這些事實和經驗，因此我們相信這些原則也可作為我們解決二十一世紀問題的參考。

《易經》中，幾乎每一個卦都提供了解決二十一世紀問題的許多原則，其中有些卦也許更為應機，不過在這裡，我們舉前面十個卦，只是為了有次序性、整體性的方便說法而已。

1. 乾

乾是純陽之氣的作用，象徵了天道的生生不已。就易理來說，本卦的六根爻象告訴了我們的原則是：(1)要能潛修實力，(2)要能與上者（天道、君主等）和諧，(3)要能警惕反躬以應變，(4)要有向上奮進的動力，(5)要能與下者（地道、人民等）配合，(6)戒過剛自滿。

把這些易理的原則轉變到易德上來說，就是一個誠字。誠是純陽之氣的流行，也即是天道。純陽之氣是宇宙萬物賴以生存的基素，而至誠之氣卻是人類世界共存共長的動力。自人類發展到今天，我們之所以有如此輝煌的文明成就，那是由於至誠的力量。有多少哲學家、宗教家、教育家、政治家、科學家等的至誠，才共同締造了今天的社會。可是也有不少的人為災難，如戰爭、屠殺、鬥權，及破壞人倫道德的傷風敗俗的觀念，這種種的行為都破壞了人類的和平與社會的安寧。這些都是由於缺乏一個誠字，「不誠無物」，又哪有人類互尊互信可言。

基於這個原因，所以我們進入二十一世紀，首先要發揚至誠之氣。而至誠之氣的培養，就是至誠之德。從乾卦六爻來看至誠之德的修養有以下的幾點提示：⑴在心中涵養誠意，⑵以誠溝通天命，⑶以誠自惕以閑邪，⑷以誠提昇自我，⑸以誠待人及物，⑹以誠通謙，由謙行誠。

誠是天道，如果我們把它落實在人世的運用上來說，致誠就是敬天。這個天在哲學上是生生不息的道，在宗教上是無所不在的神，在科學上是大自然的生態。今天我們社會問題都是來自於人類的驕傲，不能敬天。殊不知「天命之謂性」（《中庸》），這個天是與我們的性息息相通的，破壞了天就是砍傷了我們的性。解決二十一世紀最大的問題，可能要從敬天以恢復人性做起。

2. 謙

前面我們已談過人與天的關係，孔子說：「天行健，君子以自強不息。」（〈乾・象傳〉）天行健是天道的生生不已，君子自強是人參與天道的生生，而和萬物共生共長。可是由於人的許多特質，如好欲、逞能，因此往往會使這一發展走偏鋒、走極端，使至誠之氣過剛，所以接著說坤卦，使陽和陰相合，使乾道透過坤道來生養萬物。

坤卦就易理來說是純陰之氣，是代表了地道。本卦六爻性能提示了我們：(1)開始時要小心謹慎，(2)態度要大方自然，(3)不求功成，(4)堅守分際，(5)和光同塵，(6)戒之虛驕。

把這些易理歸於易德就是一個謙字。在《易經》中有一個謙卦，是寫山在地中之象。謙卦和坤卦的不同是謙說人之德，坤說地之道，把這兩者合起來，正是易德中謙的特性。一般來說，謙的意思都是指謙虛、謙讓的態度，但在坤卦上講謙德，除了謙卑一義外，更含有毫無分別心的生養萬物。《老子》所謂「人法地」（第二十五章），就是要我們效法大地的孕育萬物。今天最流行的觀念是關懷地球、保護地球，但這還只是一種消極的意義，好像人們在向大地予取予求之後，發現大地的資源有限，只有暫停需索，這樣的態度仍然以人為本位。在表面上的施捨背後，還是免不了人的一種私心。相反的，謙德的真精神乃是效法地的大公無私，使我們捐棄以自我為中心的驕狂，而把自己放入萬物中，與萬物共生共長。基於這一認識，我們結合了謙德與坤道走進二十一世紀，應有如下的幾點原則：(1)要有謙敬的心，(2)要能順乎自然，(3)要輔助天地的化育，(4)不要誇大人的力量，(5)要謙遜的對待萬物，(6)戒自以為是的與萬物對立。

3. 屯

屯卦是在乾坤之後，是寫天地之氣相交，萬物滋生的現象。在屯的卦理上來說，是指萬物開始時的困難。但今天我們已有高度的物質文明，所以這個屯不再是指萬物的始生，而是在我們面臨二十一世紀的一個新時代，仍然有許多新的問題、新的困境。屯卦的本身是揭示了在開始時困難的一些應變原則，如：(1)要建立好的基礎，(2)要長時間的努力，(3)要有指導的原則，(4)要注意外物的和諧，(5)要節省能源，(6)要避免過度。

本卦就易德來說，就是以謙遜的心去面對能源的節省與開發。《易經・繫辭傳》強調易道能「開物成務」，開物即開發資源。但易德的謙告訴我們要注意人與萬物的和諧，不可像過去科學一樣的任意戡伐自然，英史學家湯恩比曾在一篇文章中論到，人類所有賴以為生的資源都來自於大地，可是地下的資源有限，人類的欲望卻無窮，而今天的政治、經濟的結構都建立在無饜的欲望上，這才是人類未來的最大危機。湯氏這篇幾十年前的文章，仍然很動聽，這是由於我們今天世界各國還是一股腦兒地往錯誤的路上競走。至於屯卦的卦爻辭雖然在三千年前，但其中的一些原則，仍然可以作為今日解決能源問題的明燈。如屯卦的「建侯」可以象徵的指建立好的制度作為開發能源的基礎，「虞」指對山林有研究的專家，也就是說我們要接受對能源、對環保有研究的專家的建議，「小貞吉，大貞凶」是指對能源的節省使用。這些對二十一世紀的能源問題都有正面的貢獻，只是我們今天是否能虛心的檢討而已。

4. 蒙

蒙卦在易象上是指蔓草叢生，資源猶待開發，在易理上，蔓草蓋地，象徵人知的蒙蔽，因此需要啟蒙，所以本卦都講教育問題。其中提供了許多影響中國傳統教育的原則，如：(1)重視幼童的啟蒙，

⑵師道的受重視，⑶重視人格尊嚴教育，⑷重視環境教育，⑸人人都須像幼童似的需要教育，⑹教育是為了防止邪惡。

在蒙卦中，除了初爻是講幼童的教育外，其他幾爻都不限於幼童。對於成人，已有了很多知識，但是卻更需要精神的教育。無知的蒙昧，並不麻煩，只要我們耐心的去教育他們。可是有知的愚昧，卻最可怕，因為它不僅製造了麻煩，而且提供了錯誤的認知，變得教育水準愈高，精神道德的價值卻愈低，真應驗了《老子》所謂「以智治國，國之賊；不以智治國，國之福」（第六十五章）的預言了。

蒙卦上九：「擊蒙，不利為寇，利禦寇。」正指出了今日教育問題的癥結所在。因為今日的教育只重知識的追求，而欠缺德性的修養。二十一世紀的教育問題，應注重心理建設、精神的訓練，其重心就在一個誠字。《中庸》上說：「誠者，非誠己而已也，所以成物也。成己，仁也；成物，知也。」未來的教育最中心的課題，不外乎成己與成物，也就是如何完成自己，及如何建設世界。今日教育問題的毛病就在於這兩方面的脫節。而所以脫節，乃是由於成己方面的空虛，以致成物方面走上偏鋒的發展。所以今後我們要使這兩方面息息相關，產生互補的作用，就必須在根本上把握這個誠字。這個誠字也正是蒙卦德性教育的主體。

5.需

需卦之象是天上有雲雨，易理是指我們的需要，及達到需要的等待歷程。需卦指示了我們：⑴要有恆心，⑵追求需要的麻煩，⑶會遇到外來的危險，⑷會有所犧牲，⑸得到需要必須持中正之道，⑹

要以謙正之心對待。

教育的目的就是解決人類的需要，而需要有兩種，一種是物質的，一種是精神的。在過去人類幾千年的發展中，我們對物質的需要可說進步得很快，所謂很快有兩個意義，一是指需要本身的要求愈來愈大，一是指追求需要的方法或物質發明愈來愈多。這兩種意義合起來，正說明了今天物質的文明雖已達到高峰，可是人類滿足需要的心卻跳得愈激烈，也就是愈難滿足。至於人類的精神需要本來和物質的需要是平衡的，但由於物質需要的過分膨脹，大家把注意力都集中在這一方面，以致在精神需要方面反而被忽略了。政治以經濟掛帥，社會以利欲是尚，家庭沒有溫暖，人與人之間缺乏友情，這在在都顯示了精神生活被物質窒塞得奄奄一息了。

面臨二十一世紀，需卦給我們的提示是，我們要反省人類真正的需要是什麼？要如何達到這種需要？在需卦中有兩個與德性有關的字，一個是初九爻的「恆」，一個是上六爻的「敬」。「恆」通於誠，說明在我們追求需要的等待歷程中，必須有恆，以誠心來對待。「敬」通於謙，說明在我們達到某一需要時，必須守謙、守敬。謙是指懂得滿足，敬是指對天地的感恩，對萬物的愛惜。

6. 訟

訟卦取象於外剛內險，易理告訴我們如何解決爭訟的方法，其要點為：(1)訟在開端時容易止息，(2)息訟須內心的反省警惕，(3)息訟須重視固有道德，(4)息訟須能了解天命，(5)息訟須持中正之道，(6)訟不可長。

訟卦在需卦之後，乃是由於我們如果不能開拓精神的領域，便會陷入物欲的爭逐中，如荀子所謂：「欲而不得，則不能無求，求而無度量分界，則不能不爭，爭則亂，亂則窮。」（〈禮論篇〉）這就是說明物質的需求得不到滿足，不能平衡，便會有爭訟。本卦的易理是講息訟之道。是在於「惕中」，誠於中；「食舊德」，以固有道德為依據；「復即命」，仰承天命。今天我們似乎生活在爭訟之中，整天看到各種不斷的競爭、紛爭、鬥爭、抗爭。我們的神經緊繃著，我們的血脈沸騰著，我們的心念如箭拔弩張，真應驗了莊子在二千年前所說的：「與接為構，日以心鬥。」（〈齊物論〉）最後是：「其殺如秋冬，以言其日消也，其溺之所為之不可使復也。」（〈齊物論〉）換句話說，就是個人精神的癱瘓，整個社會的停擺了。今天有許多心理學家、宗教家、哲學家、社會學家已發現到問題的嚴重了，他們也都從自己所學的觀點提出拯救的方法。然而我們相信，歸納所有的理論，最根本的原則，不外於本卦所強調的，培養誠信的內心修養，恢復固有的美德，以及使我們的生命與天命相通，而能安身立命。

7. 師

師卦取象於水集地下，有聚眾之意。師卦的易理乃是講治軍之道。其原則是：⑴治軍首重紀律，⑵領軍者須得到在上者的絕對授權，⑶治軍戒越權，⑷行軍要懂得駐守之道，⑸出師要有名，⑹治軍的目的是為了保家衛國。

師卦在訟卦之後，是指這種爭訟如果不能安撫，再激烈化、擴大了，便成為國與國之間的軍事對立，和戰爭的決鬥。在二十世紀雖然還沒有爆發足以摧毀人類的第三次世界大戰，但在第二次世界大戰之後，局部的、使人驚心的小型戰爭，如韓戰、越戰、波斯灣戰，及以巴之間的戰爭卻連綿不斷，至於以前蘇俄和美國之間長期的冷戰，也使全世界都夢魘不絕。接著邁進二十一世紀，誰都無法斷定不會有毀滅性的戰爭爆發。因此如何防止戰爭將是二十一世紀全人類生死攸關最大的課題。

就師卦的易理來說，六爻中只有九二是陽爻，所以是主爻。該爻當位，且與六五相應，這說明了中正之道是解決軍事問題的主要原則。把這點推之於今天國際間，所謂中正之道也可指世界各國必須承認的國際正義。雖然自古以來，戰爭不絕，大家也都知道正義之重要，也都以為出師有名，站在正義一邊。可是兵法向來被視為詭道，缺乏正義。所以二十一世紀解決軍事的紛爭，仍然不外乎這個老問題，誰能代表正義？這是歷史上直到今天未能解決的問題，因此戰爭連綿不斷。同理，今後我們似乎也沒有辦法解決這個問題，那麼二十一世紀照樣逃不了戰爭的厄運。

我們研究師卦發現了一個問題，就是師卦只告訴我們如何治軍，就像兵法只告訴我們如何打贏戰爭一樣。師卦到最上一爻才說：「大君有命，開國承家。」這裡的「命」有兩層意義，一是指頒布命令，一是指仰承天命。但本卦的格局仍然只是指自己國內的承平，對於別國的侵犯，只能做到保家衛國而已。至於要消弭國際間的戰爭，達到世界的和平，在師卦本身，卻得不到任何的指導。這也許正提醒了我們，如老子所謂「兵者不祥之器，非君子之器，不得已而用之」(第三十一章)，師卦也是如此。今天我們解決世界戰爭的問題，只是以師治師，也就是以軍事對付軍事，永遠也達不到真正的和平。

師只能治師，而不能解決師的問題。這也就是說一落於師卦，已免不了戰爭。要想消弭戰爭，最好做到不用師卦。那麼易理是否提供這方面的線索呢？突然筆者發現防止戰爭之道，原來不在師卦，而在師卦前後的兩個卦，即訟與比。

訟卦在前面我們已談過，訟並不只是指法律的訴訟，而是泛指思想觀念、種族差異、宗教信仰、文化模式上的不同所產生的爭執、歧視、仇恨。如果我們真正做到從根本上息訟，如孔子所說：「聽訟吾猶人也，必也，使無訟乎。」（《中庸》）或者，逐漸減輕、減少爭訟，那麼戰爭的可能爆發便會相對的減少，也就不需要勞「師」動眾了。

8. 比

比卦取象於地上的水，往低的地方流。比卦的易理是指五根陰爻向九五的陽爻聚集，象徵人民和臣子們向君王比附或輔助。其原則為：⑴以誠相比，⑵從內心相比，⑶比附須擇人而事，⑷一心向上比附，⑸在上者須以仁愛使人比附，⑹不可驕矜而怠於比附。

比卦和師卦的爻象正好相倒，當然意味著揚棄了用師之事。師卦的唯一陽爻在九二的下位，比卦的唯一陽爻在九五的上位，這也象徵向下沉淪，便有戰事；而向上輔弼，乃為王道之事。比卦就今天的國際情勢來看，這為眾陰所比附的九五陽爻可以代表大國為眾小國所比附。但在過去，世界大國是蘇俄和美國，共產主義的國家都依附蘇俄，民主制度的國家都追隨美國，這樣便形成了兩強的對立，冷戰了幾十年。到了二十世紀末，中國代蘇俄而起，仍然和美國分居兩大集團的領導，雖然試圖走出冷戰的陰影，但不冷不熱，溫溫涼涼的，令人擔心。因為九五只有一爻，誰能站在這個位置上領導全世界？如果以比卦的爻位來說，中國好像在六三爻上，美國好像在六四爻上，但他們的心理都在最高的上六爻上，這一爻代表了發展得太高，而不肯比附。因為共產與民主之間沒有交接，誰都不服誰，又怎能比附。所以比卦就今天國際情勢來說，似乎不能運用。不過，我們轉一個觀念，從易德來看，也許可以解開這個難題，因為這九五爻不是代表某一國、某一制度、某一主義，而是代表人類至高的德性。在易德來說，就是誠和謙。這兩德看起來簡單、通俗，實踐起來卻需極深的工夫。誠落實下來，是誠信，孔子便把這個信放在足兵（軍事）、民食（經濟）之後，而說「民無信不立」。這個誠不只是對人民講信，對其他國家講信，它尤其能通天道、天命，所以是最高的原則。至於謙，相比於誠來說，較偏於方法，就比卦來說，九五雖然在高位，但外卦的坎水卻是向下流的，這象徵了謙卑的德性，老子深諳其理，而把它用之於治國及國際間的關係，如他說：「江海所以能為百谷王者，以其善下之，故能為百谷王。」（第六十六章）又說：「大國者下流，天下之交，天下之牝。牝常以靜勝牡，以靜為下。故大國以下小國，則取小國；小國以下大國，則取大國。」（第六十一章）可見誠謙才是我們真正應該比附的原則與德行，不誠不謙，任你再高喊國際正義、世界和平，都只是空話一句。

9. 小畜

小畜卦取象於天上有雲，待時積聚而成雨。小畜卦的易理兼有畜養和積聚兩義，是指小量的、局部的、逐漸的發展，是一種陰柔之德的涵養和運用。在卦爻上所示的原則是：⑴自省而復於道，⑵結合同道，⑶戒之剛強，⑷修之以誠，⑸誠信以待人接物，⑹處陰柔謙和之德。

前面說比卦時，我們曾強調這個謙字的重要。但這個謙並不只是指上位的人在言辭上對人民的謙遜，也不只是指國與國之間的低調以求和，而是指在社會上培養出一種柔和的德行。這不是一部分人的，而是社會上整個風氣，是必須透過教育去慢慢薰陶的。我們回顧二十世紀，將發現剛強之氣太盛。暫不談那一連串的革命、暴亂與戰爭，就以我們社會生活來說，普遍受到達爾文物競天擇、弱肉強食學說的影響，大家相信「愛拚才能贏」，於是武裝起自己，準備拚鬥，如刺蝟似的，寧我負人，不容人負我。在電視訪問中，一位母親談到她教育十歲的兒子，要勇於爭取，決不退讓；另一位年輕的女士參加心理訓練的集中營，如何堅忍熬夜，如何透支體力。這種心態在當今社會也許被認為是適應環境和出人頭地的妙方，可是對整個社會人心的健康發展來看，卻有極大的隱憂。因為它們製造了各種的壓力，而我們又要付出更大的抗力以應付它們，這是惡性的循環，必然會導致個人精神的崩潰，而造成社會更大的混亂。

我們所謂小畜的謙德，有兩方面的意義，一是從大環境著手，培養社會的謙和之氣，一是個人心理上，養成一種謙柔的德性。這種德性不是指退讓，而是內心的謙和，且具有彈性的柔軟，就像太極拳一樣，能夠使自己的心量寬大，以化解外在的壓力與刺激，這樣社會和人心交互影響，是一種良性的循環，健康的發展。

10. 履

履卦取象於天在澤上，上下分明的意思。履卦的易理是指行履，傳統的解釋都講的是禮。本卦告訴我們行履的原則是：(1)以素樸為基礎，(2)行止要坦蕩蕩，(3)不可自以為是，(4)要有戰戰兢兢之心，(5)切忌剛愎自用，(6)要能時時反躬自省。

履卦在小畜卦之後，這是指在小畜中培養的這種謙柔的德性，到了履卦中，形成一種社會共同遵守的禮制。中國文化的最大特色就是先聖們對於禮制的建立，如周公的制禮作樂，孔子賦予禮制以哲學精神，及後代的哲人們對禮制的維護和支持。不過這套禮制在中國綿長的歷史上，由於時代變遷，逐漸的板滯，以致不能適應時代而被忽視，甚至淘汰。至於西方社會也有它們的一套禮制。它們的禮制都來自宗教，可是今天西方的宗教也收拾不住人心，因此他們的禮制也隨著宗教一樣的被忽略了。

我們如果希望二十一世紀有安定的社會、和平的世界，便必須共同努力去建立一套大家都樂於信守的新的禮制。當顏回問仁的時候，孔子回答：「克己復禮曰仁。」這「克己復禮」四字在今天仍然用得著。二十世紀末社會之亂就亂在大家太過膨脹自我，除了法律還有一點嚇阻作用外，其他禮義道德幾乎蕩然無存。

至於如何為二十一世紀建立一套人人可行的禮制，不是我們在這裡所能討論，也不是筆者個人所敢談論。不過分析履卦的易理卻有三個字可以提供給我們參考：一是「素」（初爻），二是「坦」（二爻），三是「旋」（上爻）。「素」是指簡單樸實的生活，而「素其位而行」（《中庸》）卻是進一步要我們能本於自己的職位做好應該做的事。「坦」是指路途的平坦和行為的坦蕩，這是指這種禮制是人人都可以行，而且是可以坦蕩蕩的做人。「旋」是指反躬自省的修養，這是指這種禮制不是由外而硬加在我們身上的，而是由於我們自覺需要而自願遵守的，這種自反的「旋」，含有「反身而誠」的恕道精神。建立在這一精神上的禮制，才是大家所樂於信守的。

五、結語

以上所舉的十個卦，用現代的語言來詮釋，都是今天我們所面臨的重要問題，如環保及生態（乾、坤）、能源開發（屯）、教育改良（蒙）、精神建設（需）、觀念衝突（訟）、軍備競賽（師）、國際合作（比）、社會風氣（小畜）、新的禮制（履）。就這十方面來看，都是今天最頭痛的問題，我們各方面的專家人才都絞盡腦汁的提出方案、辦法，可是都未必能奏效，那麼這簡簡單單的十個卦爻辭又如何能解決這些問題？豈不是夢話！

筆者並不把《易經》看作天書，或具有不可測的神力，筆者更不敢誇大《易經》對這些問題能夠提出具體的解決方法。但筆者可以確認的是，要解決這些問題，無論需要多少的知識和智慧，而最根本的，還是需要我們共同的誠意和謙心，所以筆者是用易德的誠謙來強調《易經》對二十一世紀的貢獻。

也許有人懷疑這誠謙兩德非常簡單、通俗，又如何能運用呢？筆者在《易經與易德》一書中，把誠謙轉變為較具體的行動，如釋誠為：

1. 體承天道的生生不已。
2. 直道而行。
3. 純淨心念。
4. 把握原則。
5. 以德感人。
6. 擇善固執。
7. 敬其所事。
8. 涵養誠明之氣。
9. 建立自信。

釋謙為：

1. 效法地道的孕育萬物。
2. 以無為而為。
3. 間接的運用。
4. 勿誇耀才能。
5. 治事於未亂。

6.任勞任怨。

7.懂得知止。

8.開放心胸。

9.不要執著己見。

這些作用都和誠謙有關，也都可從誠謙中發展出來。如果我們仔細分析，它們都是儒、道兩家的思想和運用，這也就是說誠、謙兩德和整個的中國哲學息息相關。所以本文的目的也就是藉《易經》與二十一世紀重要問題的關聯，把中國哲學貢獻給未來的世界。希望藉由誠、謙兩個全人類都易懂能修的德行，大家真誠相待，謙和與共，把我們融入宇宙之中，與天地合德，和萬物共生，營造出一個更為美好的二十一世紀。

道家的整體生命哲學與現代生活

一、從整體哲學到中國整體生命哲學的提出

自我於一九八〇年至加州整體學研究所任教以來，已有二十五個年頭。雖然在臺灣時，我對整體學一詞毫無所悉，當時只知道西方學術界有科際整合的觀念，可是在該所任教後，才逐漸對整體學的研究產生了興趣。

整體兩字的英文是Integral，該字於國內學者有翻作整合的，但我以為整合乃屬於平面的、人為的；整體則是有主體的、自然的。前者如科際整合，後者如道的整體性。把整體的概念，變成一門整體學(Integralism)和整體哲學(Integral philosophy)，卻是由印度哲學家阿羅賓多(Sri Aurobindo)和邱德利(Haridas Chadhuri)師徒的努力和貢獻。

阿羅賓多於一八七二年生於印度。七歲時留英，二十一歲時回到印度，即把在西方所學回歸到印度文化的探索和發揚，他在當時和甘地、泰戈爾齊名，也從事印度獨立運動，曾因此下獄。在獄中，

研讀《薄伽梵歌》，和《奧義書》，潛心於靜坐和瑜伽。從其中悟出了生命的真諦，奠定了日後精神哲學的基礎。他在印度獨立後第三年，一九五〇年逝世，留下了三十多本著作，其中最有代表性的有《瑜伽的綜合論》和《神聖人生論》。後者有徐梵澄的中譯本。他的思想具有神秘哲學的色彩，中英文都同樣的不易讀。

邱德利於一九一三年生於印度。是阿羅賓多的學生。他的哲學論文題目是「整體唯心論」，也是他日後提倡整體哲學的所本。他到美後，先成立文化整體學社，宣揚印度的整體學思想，後來和史坦福大學著名教授司必克堡 (Spiegelberg)，及著名禪宗學者愛倫瓦茲 (Alan W. Watts) 共同創立加州整體學研究所至今。邱氏於一九七五年逝世。該所也由美國學者接任，從以前偏重於亞洲研究，而發展精神心理學，形成整體心理學一科，在美國心理學界，異軍突起。

在這套整體學的思想發展中，阿羅賓多偏重瑜伽的方法，由神秘的修鍊，使我們的精神向上提昇，通往最高的境界名為超越心 (Super mind)，它是「真如意識」、「真實存在的力量」、「創造的光輝」、「神聖存有和自然的永恆實體」、「思想和直觀統一的智慧」。這個超越心並非高高在上、孤立的存在，而是一種動力，它又下貫於萬物，產生一種新的進化，不僅會創造新的人類，而且使動物的意識較清明，使植物的組織更纖細，使物質更能顯現它們的潛能。阿羅賓多的這種說法，雖然涉於神秘，但他的重視人間，強調地上，卻使他的瑜伽有往上往下雙迴向的整體性。接著，邱德利把他的綜合瑜伽轉變成整體哲學，認為整體哲學，「乃是把意義不同的倫理、宗教、邏輯，和形而上學等加以整合，同時又不致貶損它們的價值和重要性」(《整體哲學》第一章)。邱氏的努力乃使瑜伽變成哲學，他以存有(Being)去代替超越心。他以存有為中心，以哲學為主流，去追求歷史學、心理學、教育學、方法學，及科學等各種知識的整合。所以他的整體學乃是偏於學術上的橫貫面的整合。

由於我在該所長期任教，耳濡目染，以及和教授們座談，與學生們對話，使我發現這套整體學的思想，由整體瑜伽，整體哲學，到整體心理，雖然已逐漸落實，但它所用的方法仍然不夠清楚明瞭，使很多學生畢業後，還是抓不住重點。可是當我閱讀阿羅賓多的著作時，感覺他的思想，和我們的《易傳》、《莊子》，及近代學人熊十力的思想有許多相似處，所以我回過頭來用整體學的觀念研究中國哲學，發現中國哲學裡早有一套整體學的思想，而且比印度和美國的整體學簡單明瞭，早已落實於整個中國文化裡。為了有別於整體哲學，我加了生命兩字，稱之為中國整體生命哲學。

二、中國整體生命哲學的理論與方法

中國哲學是生命的哲學，這一點可說已成為近代中國哲學研究者的共識。雖然對生命的詮釋，每個人觀點各有不同，但大致來說，都認為中國哲學是以生命為主體，而研究中國哲學的方法注重直觀，經驗，和體驗。至於本文所謂「中國整體生命哲學」，除了也包含以上的意義之外，更注重這個「整體」的特性。我所謂「整體的生命」，不只是限於物體的生命、肉體的生命、精神的生命，而是擴大的指中國哲學本身的生命，包括了中國哲學的特質、作用和思維形式，以及中國哲學在中國歷史、文化上的影響。為了簡單清楚的勾畫出這個中國哲學的整體性，我用一個等邊三角形來表達，這三角形的三個角分別為道、理、用。如：

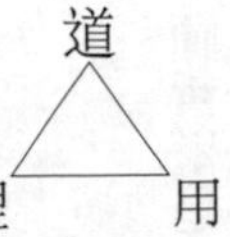

「道」是指天道，是指宇宙生化的本體。在中國哲學上，天道是以生為本體，所以這個三角形也可分別為生、理、用三方面。

「理」是指道理和理論。這裡的「道理」是指道之理。如《莊子・天下》所說。「以義為理」、「民之理」、「析萬物之理」。可見理是聖人體道所得的原則。朱熹在《中庸章句・序》上所謂「繼天立極」，即繼承天道而為人道樹立極則，如仁義道德等。由於這個理是人對道的研究，因此理也就變成了理論。本來理是道之理——也是真理，可是理論落在人的思想上，便有高下、有是非了。

「用」是指運用和實踐。運用是把聖哲們研究所得的理論運用於社會人生。實踐是把聖哲們所揭出的道德理念，實踐於日常生活中。

這道、理、用三方面不是靜態的存在，而是動態的發展。首先，就發展來說，它們是雙線道的循環，譬如，古代的聖哲體認道的生生不息，而建立了維繫生生不息的理，然後再把這個理，運用於政治人生上。在運用時，不是盲目的向前推進，而是扣緊了道，使我們的知識又不斷往上提昇，也同時豐富了道的內容，有如下圖：

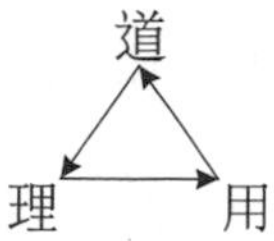

另一方面，這個道本來就存在於我們的生活中，只是日用而不知。聖哲們把這些生活經驗，提煉成知識、理論。為了防止這些知識理論流於偏執，即本身囿於時空的偏滯，或為人們觀念所執著，因此聖哲們又把這些知識理論，往上提昇入道的境界，同時也擴大了道的內涵，有如下圖：

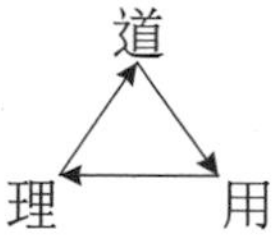

其次，就關係來說，這雙線道的循環，也說明了這三者之間的相生相長、相互依存。即道必有理，理不離道；理須能用，用應合理，用須由道，道生於用。由於這種循環的發展，和相生的關係，不僅顯發了道的生命，也使道的生命，充實了理的生命；理的生命，發揮了用的生命。這就是我所謂整體的生命。中國哲學就是以這種整體的生命為本質。古代中國哲學的理論是建立在這個架構上，今天我們研究中國哲學的方法也可以此為架構。

近年來，我曾試著用這個方法去檢討中國哲學，寫了兩本書：《生命的轉化》、《生命的提昇》，開了兩門課：「中國生命哲學的精神與發展」、「中國系統思維」，及幾篇論文：如〈孝字的生命歷程〉，是以這個方法來討論儒家孝道的過去與未來、〈從中國整體的生命哲學看佛學在中國文化裡的發展〉，是用道理用三方面比較印度佛學與中國哲學的不同，以及印度佛學如何從這三方面進入中國哲學的領域，和中國文化相融、〈中國傳統哲學與現代美國生活〉，是以中國哲學的特質來檢討美國現代生活的迷失。本文乃是準備用老莊的整體生命哲學來討論如何解決現代生活上的許多重要問題。

三、老子的整體生命哲學

㈠常

老子思想的本體是一個道字。他在第一章中便說：「道可道，非常道」的常道。可見老子的道又是強調這個「常」字。對於這個「常」字，很多人直接便解作「永恆」兩字。雖然永恆兩字也是「常」的主要意思，可是如果只說「永恆」，往往又把這個「常」字固定化、超離化，好像高高在上的那個不變的本體。其實道的本質是生，生生不已就是常。

本來從道的本體上說，無所謂「生」。「生」是道在現象界的作用。如「道生之」（第五十一章），

「道生一，一生二，二生三，三生萬物」（第四十二章），可見道的生是與萬物的生化有關的。由於這個關聯，所以道體的常，也是萬物的常，正如這個常字有「恆常」，也有「平常」的意義。萬物的變化是平常之道，所以變化之道也是道的常。老子那句「道可道，非常道」，往往被人誤解為道有常道和變道之分，而形成了對立。其實老子「可道」之道是指用語言文字、觀念意識所指定的道，這已經把變化的現象固定化了，使變不能變，化不能化，當然不是變化之常，也就不是常道了。

總結的說，老子的常道，乃是萬物生生不已的變化之道。就某一事物本身來說，雖然是小，是瞬息生滅、微不足道，但它們都參與天地萬物的生化，為道體生生不已中的一部分。也就是說任何一物的存在都呈現了道體之常。

㈡反

老子思想在理論上強調一個「反」字。本來，凡是所有語言文字表達出來的都是理論，這個理論一面是寫道的，一面又是講用的，正是道和用之間的一條橋樑。在《老子》全書中有關理論的當然很多，但我們把它們系統化，用一個原理性的字來描寫就是「反」字。

反有兩個意義，一是復返的反，一是相反的反。復返的反是承繼了常道在現象界的作用來說的，《老子》第二十五章：「強為之名曰大，大曰逝，逝曰遠，遠曰反。」這是說常道之大，乃是永遠的變動、無限的進展。但在現象界這種運動如何可能永恆呢？只有一種可能就是循環，因為在現象界沒有一種事物可以直線式的永遠存在和發展的，它們都必須循環式的前進，如生死的消長、四季的交替等，但一般人的觀念往往以為循環是死了再生，舊的變成新的。其實不然，譬如春夏秋冬，到了冬天後，又回春，好像又回到了春天，花又開了，但今年的花與去年的花並不是相同的花，今年春天的一切與去年春天的一切也不是完全相同的事物。所以表面上是循環，實際上卻是新生。老子的復返乃是新的復起，乃是復返於生生不已的道。

另一面，這個「反」在現象上的運用是相反的反。因為萬物的變化，無論是生死、消長、盈虛，都是由一個位置變到另一個位置，由漸變到突變，最後變到和從前相反的性狀，這就是所謂的相對對立，或矛盾。在《老子》書中，大半的篇幅都在談這個相反的反，但老子並沒有興趣只討論這種觀念上的相對性，他的目的乃是藉相反的反，使我們深一層的去了解變化的作用，進一步，運用這種關係，不致違反自然，走上極端，而受人為的摧敗，相反的，卻能順乎自然，而返於生生的常道。

㈢弱

《老子》第四十章：「反者，道之動；弱者，道之用。」這個反字在現實人生的運用就是一個「弱」字。這個「弱」只是一個代表的字，它代表了《老子》書中常提到的，柔、下、賤、虛、寡、蔽、嗇、缺、拙、愚、知止、知足、不爭，甚至無為等。這個「弱」字不是肉體上的虛弱、事實上的衰弱，而是心理上和運用上的知弱、處弱和用弱。

知弱是針對一般人只知好強的心理。逆轉來，去發現弱的力量。因為一般人所重視的強，往往是表面的，暫時的，具有危險性的強。本來在制名指實的時候，強是指的真強，弱是指的本弱，可是人們由於心理的偏差，使得強弱的界定變得複雜，而有很多顛倒。所以老子要「正言若反」，強調這個「弱」字，使我們知弱，在心理上能逆轉過來思維。

處弱是使自己處於一般人認為弱的位置上，不致成為大家爭鬥的對象。《老子》第四章所謂「挫其銳，解其紛，和其光，同其塵」，即是勸我們收藏起鋒利，掩蓋住光芒，處身在低微的地方，這樣，「外其身而身存」，才能保全自己的生命，「後其身而身先」，才能真正發展自己的長才。

用弱是在真正知道「弱」的意義，真正能處「弱」之後，才能運用弱。運用弱並非用弱去和強相鬥，這樣，弱又變成了另一種逞強。用弱的真正意義在轉弱，把自己的弱點轉化為另一種優點。所謂「尺有所短，寸有所長」正是這個道理。

四、莊子的整體生命哲學

(一)真

莊子和老子同屬道家，自然在「道」上有他們相同的旨趣。不過由於他們的生活、經驗、及人格上的許多差異，使他們對「道」的詮釋，及體驗上，有不同的切入點。老子是以客觀的方法來論道的，所以他談常道的生生，和平常之道，都是重在分析和理解；莊子卻是以主觀的方法把自己融入了道中去顯發這個道體。

由於莊子的這一思路，所以他對道的體認切入之處乃是一個「真」字。《莊子》書中最高境界的人是真人，雖然還有至人、神人、天人，都屬於同一層次。但莊子講真人之處最多，可為代表。真人和道是幾乎不可分的。莊子說「且有真人而後有真知」（〈大宗師〉）。真知不只是知道、行道，根本是活於道，和道合成一體。如所謂「魚相造乎水，人相造乎道」（〈大宗師〉），相造即相生、相成。也就是人和道融成一體。

人之所以能和道融成一體，就在這個「真」字。人通過了修養工夫，而能體證真心，也即《莊子》書中所謂「成心」（現成真心）（〈齊物論〉），「常心」（〈德充符〉）。能證真心，即是證道之真。所謂道之真並非道高高在上，有一個真體孤獨的懸在那裡，而是道在萬化之中，萬物都各有真性，所以道之真，人之真，與萬物之真都是一個真，也就是說莊子的道即人與萬物的真性。

(二)化

就理論來說，《莊子》全書的文字都是理論，但莊子的思想不是客觀的去研究知識，而是主觀的去體證道體。真人就是道在人的體性，而真知就是對道的體認。所以莊子的理論就是他的修養工夫。

在莊子的眼中，宇宙是一氣的變化，所謂「大塊噫氣」（〈齊物論〉），大塊即宇宙，即自然。人和萬物都在這一氣的變化中。不過這一氣的變化不是純粹的物質，而是有性靈參與其中的。就物來說都各有其性，就人而言，有性，還有靈。事實上，變化兩字合在一起，變是化，化是變；分開來說，變是指物質的，平面的，自然的改變；而化除了以上的改變外，更有向上的提昇，及性靈的，德性的，和智慧的轉化。

宇宙是大化。大化是指宇宙中所有萬物和人的變化，也就是一個整體生命的變化。宇宙是恆常的，所以萬物和人的變化都是生生不已的。可是就萬物與人的個體存在來說，都是有生有死，有始有終的。當這些個體融入大化之中，於是生死死生，始終終始，萬物與人「以不同形相禪」（〈寓言〉），整個宇宙便生生不已，傳續不絕了。

如何使個體融入大化之中？就其他萬物來說，它們沒有意識執著軀體，所以是自然的順化。至於人，因為有意識執著有限的形軀，因此需要修養的工夫，才能達到這種轉化的境界。這種轉化的工夫有三種，即是自化、物化、和神化。自化是打破自己形軀的限制，物化是突破人與物、人與人之間的隔閡；神化是超脫物質，使精神無限的昇華。這三種化依次相接，由自化，物化，而達神化之後，這時我們精神與大化合一，與道同體，自能超脫死亡，融入了大化的生生不已之中了。

(三)忘

在用上，莊子的修養工夫，落實到人生，而成為處世的方法。莊子的處世方法首重一個「忘」字。忘言、忘身、忘年、忘仁義、忘禮樂、忘天下，可說是一忘到底，徹頭徹尾。這個忘字本是普通用語，是指忘記，本是負面的意義，可是莊子卻把這個字轉而與「化」相接，變為一股向上提昇的反作用的力量。因為在現實生活上，我們有很多牽絆與糾纏，如名利，愛欲，及世俗的禮法等，如果我們深入其中，用理性的方法，把它們一一釐清的話，可能治絲益棼，反而耗盡心力。所以莊子要用這個「忘」字，首先一刀斬斷，如庖丁解牛，「官知止而神欲行」（〈養生主〉）。「官知止」就是忘；「神欲行」，就是精神的向上提昇。

這個忘字以莊子所描寫最基本的「坐忘」來說，是「墮肢體」、「黜聰明」、「同於大通」。「墮肢體」是忘形軀，「黜聰明」是忘意識，「同於大通」是融入於大化。可見這個忘是一面向下的超脫，這在佛學來說，即是無執、無我；另一面又是向上的提昇，直達精神至真的境界。

莊子逍遙的境界常被認定是一飛沖天，遊於無窮之境。其實真正的逍遙乃是遊於人間世。「以刑為體，以禮為翼，以知為時，以德為循」（〈大宗師〉）。以天刑為體，而不留戀形軀，是忘生死；以禮助我悠遊，運用自如，是忘禮跡；順時變化，而無礙自在，是忘時之限；用德而無執，遊於德之和，是忘德之相。這就是莊子處世能忘的方法。

五、老莊思想如何面對現代的問題

(一)生命整體的被撕裂

前面，我們以等邊三角形來譬喻整體生命是以道、理、用三方面的相生相成，相互為用。這個整體的生命在宇宙性能上是如此，在社會功用上是如此，在個人的生活上也是如此。可是現代科技的發明，社會的發展，人欲的追求，卻撕破了這個生命的整體性。

這一撕裂，使得這三方面不能互相通貫、互相平衡、互相支持。這個道，無論是宗教的，或哲學的，由於不能為理論所歸趨，為人生所嚮往，因此便架了空，形同虛無。各種理論沒有道的支持，不能通貫人生，因此也就成為觀念的遊戲，或者，自以為是，變成了意識型態。在人生的應用上，既沒有道的信仰，又沒有正確的理論指導，使人們的生活沒有目標，沒有重心，而完全地陷落下去。

(二)現代生活陷落的特色

1. 物欲追求的不安

對物欲的追求，自古已然，所以各種宗教和哲學都勸人少私或無欲。不過古代的社會環境單純，物欲的刺激也比較和緩。他們所追求的欲望不外乎名利，就像學子十年寒窗的苦讀，為求將來的一舉成名，他們都須經過長期的奮鬥才能獲得。可是現代社會卻不然，科技發達所帶來的物質的刺激，簡直到了無法拒絕的地步。譬如一個兩歲大的孩子，整天注目於電視中的兒童錄影帶，對於其他的一切，都沒有耐心。滿屋子的玩具，玩了就丟，沒有長期的興趣。到了三四歲以後迷上電腦遊戲，一離開電腦便感覺無聊。據心理學家的分析，今天的孩子們和年輕人整天離不開刺激，當外在的刺激一停，他們便不知所措，好像物欲的刺激變成了他們滋養的牛奶。再就現代生活來說，一般人的物質享受比起古代人要豐富得多了。可是這種享受卻搭蓋在不安之上。表面上是小康的生活，一失業，便無屋可住；本是百萬富翁，股票一跌，一夕間，便債臺高築。所以現代的生活，可說是物欲、刺激、和不安的一個混合物。

2. 知識膨脹的歧路

在古代，知識比較單純，就古代中國來說，學子們專研的不外五經四書，而在運用上，也都是儒家的政治思想。道家雖然也重要，但老子的政術，乃是儒家政治思想的輔助，莊子的學說也只是偏於精神的修養。在古代真正對儒道有研究的，都屬於士大夫階級，他們被稱為知識份子，這在古代社會人口的比率非常小，絕大多數的農、工、商在知識上都有限。可是今天卻不然，一個四五歲的小孩便可以在電視、電腦上得到超乎他們年齡應該有的知識。到了中學，大學，他們所得的知識更是五花八門。其中負面的，更多過於正面的。至於一般人，說得極端一點，即使是古人所謂的「愚夫愚婦」吧，但他們由於電視電腦上得到的知識，想愚也不可能，他們變成了另一類的知識份子，我曾把今日的文化分成四個層次，即世俗文化、大眾文化、高層文化、和精粹文化。在古代，極大多數的人欠缺知識，所以世俗文化和大眾文化合在一起，而高層的知識份子，向精粹的文化靠近，精粹的文化即道的文化。高層的知識份子，透過了道來指導世俗和大眾文化。這即是我用等邊三角形中所說的道透過了理來運用。可是今天世俗文化升入了大眾文化，也就是說一般人的知識都提高了，成為相近於古代所謂知識份子的階層。這本是一個好現象，可是這一層次的人口眾多，在民主的社會，他們又成為主宰政治的無形領袖，他們的思想就是整個社會的脈動，使得在高層次的知識份子往往為了產生影響，又不得不降下來迎合他們。這些知識份子的本意也是和古代知識份子一樣為了移風易俗，指導群眾。可是今天的群眾本身是另一類知識份子，電視上那些主持人成為他們的偶像。這些主持人根本是從大眾文化中出來的，他們知識的專精與深度都不夠，卻成為群眾思想的主導。高層的知識份子很難突破大眾文化的樊籬，於是不得不向大眾化的偶像學習，這是反學習，結果是反淘汰，使得高層文化也大眾化，由迎合，而推波助瀾。在高層文化另有少數的人士仍然向上和精粹的道文化看齊，由於不能向下影響，因此使道和人生現實割離了，他們自己也就變成了訓詁家、注疏家，或觀念的遊戲者。

這中間的大眾文化無限的膨脹，每個人掇拾了一些和自己有利，自己需要的片面知識，而自以為是。試看今天社會上，充斥了靈媒，星象，風水，各種奇異的療法，及旁門左道的什麼家，什麼派。他們都成為專家，領導群眾，使大家都走在歧路上，卻不自知。這是今天知識膨脹的危機。

3. 精神旺盛的疲殆

精神和物質雖然是兩個相對而不同的用語，但它們之間卻有著密切的關係，所謂「食物就是思想」，食物適當，精神飽滿，這也是一般人的信念。這種說法並沒有錯，可是如果把精神只限定在物質上，認為精神只是食物在我們體內消化所產生的能量，就像薪木燃燒產生火光一樣，這在表面上好像也有道理，可是會產生一種偏差。

這一偏差，就會使我們誤把物欲當作精神。這裡的物欲不只是指食物供給我們的能量，同時是指這種能量加上意識的作用，變成一種欲望。這種欲望乃是被意識強化而後變成的一種佔有欲、權利欲，也許我們可以把所謂物欲最簡單的歸為兩種，即生理的欲，和意識的欲。老子所謂「為腹不為目」，為腹就是前者，是基本的，易滿足的；為目就是後者，是無限膨脹的，欲壑難填的。可是在今天社會中，一般人指的精神往往和物欲連在一起，尤其強調意識欲望。他們認為一個人有精神，就是指他野心大、有奮戰力、能拼能鬥，喜歡接受新的挑戰。這種精神是奠基於我們的軀體，意識，以及物欲之上，所以今天我們要使精神旺盛，就需要燃燒我們的體能與心力。就像莊子所謂「與接為構，日以心鬥」、「其溺之所為之，不可使復之也」（〈齊物論〉），這也就是說用我們的精神，而耗損我們的精神，以致於精疲力竭，使生命力外強而中乾，這就像現代人的精神外表好像很旺盛，而實際上卻是空虛、脆弱，像汽球一樣，一戳即破。

4. 價值錯亂的迷失

價值是一種判斷，價值的判斷不在自然界，而是人為的觀念。由於國家、種族、宗教、風俗，以及個人性格的不同，價值判斷也各不相同；即使同一個人，由於年齡、經驗、環境的不同，他的價值判斷也會產生很大的差別，所以價值的判斷很複雜，很難界定，這也就是莊子所說「故有儒墨之是非，以是其所非，而非其所是」（〈齊物論〉），是非就是價值的判斷。

既然價值的判斷自古以來就是如此的混亂，為什麼在現代生活上我們特別批評它「價值錯亂」呢？在古代雖然對價值判斷各有不同，但在同一個社會，或社團中，主要的價值取向卻大體是一致的，就以中國社會來說，二千多年來，始終以儒家思想為主要的價值取向，儘管其間也有道家的歧出，佛家的異彩，但在價值取向上，也是和儒家思想並行，而時有交接的。這就是所謂傳統的觀念，或信仰。二十世紀初以來，西方文化傳入中國，即使和中國傳統文化也有所不同，但所謂西方文化也是西方傳統的文化，它的傳統，與中國的傳統，兩者的價值取向固然有所不同，仍然有某些交接，所以在中國文化裡的衝突也是緩慢而漸進式的相容。

今天的現代生活卻不然，東方在現代化，西方也在現代化。西方化與現代化有所不同，在民國初年時，像胡適等學者提倡全盤西化，那時候所謂西化，其實是指西方的傳統文化。可是今天的現代化，就是跟著現代走，而所謂現代根本沒有一個界定。我們說傳統，表示了一種傳統的價值取向，我們說西方文化，也標示了一種西方的價值取向，可是說現代化，當然是以現代為價值取向，可是現代本身是一個沒有價值意義的觀念，現代是表明與傳統截然不同，而相對現代的傳統不只是古代，甚至是十年前，或者一年前的事物都不是現代。因此現代是一個根本空虛而無價值內涵的觀念。今天我們說現代化，誰都不知道什麼是現代。所以今天人類的現代化，可能會產生兩種情形，一種是以自己的想法，毫無忌憚的發揮；另一種是心中毫無主見，只跟著別人走。這就是現代生活中的價值錯亂的情形。以前我們用價值混亂一詞，猶說明各有它們價值觀念，只是相互抵觸，造成混亂的局面。我們也用價值顛倒一詞，這是指各有價值取向，只是輕重不分而已。可是這裡說價值錯亂，乃是指根本沒有價值觀念，和價值取向，所產生現代生活上的一種迷失。對國家，不知為何而忠？對家庭，不知為何而親？對男女，不知為何而愛？對人生，不知為何而活？

㈢老莊思想對現代問題的紓困

1. 生理的回歸自然

老莊思想都強調要愛惜自己的身體，而愛惜身體，不是以外在的物質來營養自己，來襯托自己。真正愛惜自己，乃是「人法地，地法天，天法道，道法自然」(《老子》第二十五章)，簡化來說，就是人法自然。二千五百年前的這個教訓，在今天未必讀過老莊書籍的科學家們也產生了共鳴。當代有兩位美國科學家，一是外理 (T. S. Wiley)，他是人類學家、醫學理論家，專精內分泌和演化生物學。另一位是馮比 (Bent Formby)，他是生物化學、生物物理學和分子生物學博士，他們合著了一本書，叫做《熄燈：睡眠、糖分和生活》。他們認為自從電力發明，電燈使用後，人類生活形態開始違反大自然的節奏，人類的新陳代謝逐漸失調。於是肥胖、糖尿病、心臟病、癌症、精神抑鬱症等文明病便很快的增加，預防之道，很簡單，就是「熄燈就寢、回歸自然」（詳見中央社渥太華電，《世界日報》二〇〇〇年六月二十六日），今天的人類被這種文明病所苦，只有仰賴文明的藥物，以毒解毒。或者也知道自然的重要，提倡休閒卻大搞休閒活動，暫時的躲到人工的自然模倣屋中，去享受加工的美食、泡人工的溫泉，卻始終不甘心閉眼多睡一會兒。真正懂得睡眠重要，而善於睡眠的是莊子，他說「其寢無夢，其覺無憂」、「成然寐，蘧然覺」（〈大宗師〉）。這才是真正的從生理的回歸自然，而達到心理的回歸自然，這是莊子為我們治療文明病的最簡單，最省錢，而又絕無後遺症的妙方。

2. 智慧的轉化知識

《聖經》中說人類吃了智慧的蘋果，便失落了，西方哲人替哲學兩字下了最根本的定義是愛知。《老子》書中講的知是聰明睿知，是負面的意思，可是在孔子思想上卻是聖知。在《莊子》書中，有時「小知」與「大知」對立，如〈齊物論〉「大知閑閑、小知閒閒」，都是負面的；有時卻以「小知」襯托「大知」，如〈逍遙遊〉的「小知不及大知」，小知即一般知識，而大知卻等同智慧。從以上各家的說法，他們用「知」之一字，多有混淆，必須加以註解說明。

正由於這個「知」有知識與智慧的不同，卻混在一個字中，因此才有由「知識」轉化成「智慧」；或由「智慧」去轉化「知識」的作用。在西洋哲學史上，自亞里斯多德之後，因為重視知識，使得知識和道德分了開來，他們講的道德乃是知識的倫理學。而真正的道德行為似乎被放逐到知識論為主的哲學之外，也就是說他們的知識和實際的道德行為被分割成兩截，始終合不攏來。中國哲學卻不然，我們是以道德實踐為主體，知識是放入道德行為中的，所以我們的知識和行為是不會分裂的，中國哲學裡由知識轉為道德非常快捷而易行，如孔子說「好學近乎知」（《中庸》），好學即是一種謙遜之德。老子說「知其雄，守其雌」（第二十八章），守雌便是道家守柔之德。只是一句話，一個念頭，便把知識轉成德行，這就是由於中國的知是以智慧為本質。老莊的思想強調智慧，智慧是知識和德行的結合，智慧的作用是向上開放。老莊思想講「無」、「無為」就是要我們向上無限開放。今天現代社會知識膨脹的毛病，就是知識愈多，意識觀念反而愈封閉。我們並不反對知識的愈開發，愈多樣，但我們更需要智慧把這種知識轉化成我們所需要的精神食糧，去提昇我們的德行。

3. 精神的以德行為基礎

精神是一個抽象的名詞，主要在於它的內容。在我所執教的研究所中，凡是來就讀的學生都很清楚的表示，他們來學，就是不滿外界重視物質的社會，而要追求精神的生活，可是當他們讀了幾年，快畢業時，問他們精神 (Spirituality) 是什麼？往往瞠目不知所答。他們也許會列舉追求精神的方法，如學習瑜伽、打坐；研究中國哲學、印度佛學，或超個人心理學等，可是對於精神本身卻始終未曾觸及。如果我們把這個問題轉問東方學生，他們可能也會同樣的迷茫。其實「精神」兩字和「道」字一樣是不易用二三句話所能說得清楚的。不過，如果用老莊思想中的道和德的對比來看精神，道是宇宙的法則，德是個人的修養。換句話說，道是宇宙的精神，德是個人的精神，所以就個人來說，我們的精神是以德性為內容，為基礎的。

在我個人的《易經》研究上，重視誠、謙兩德。陽是誠，陰是謙；乾道是誠，坤道是謙。在〈坤・文言〉中有句「含弘光大」，說得極好，含弘是指它的開放，兼容；而光大，正是它的光輝，正大。這四個字就是精神的表現。所以就道家思想來說，當我們洗淨物欲，所表現出的清明境界，即是真正的精神。今天現代人所缺少的就是這種精神境界。

4. 超意識的價值提昇

在西方心理學上創造了一個潛意識的術語。把所有人見不到，或見不得人的欲望因子都埋在這個潛意識中，以說明一切行為乖違的最初原因。其實這也是西方觀念中原罪思想的另一種理論解釋而已。這種潛意識變成了意識，就成了意識觀念、意識型態，這是我們前面所謂由價值判斷，到價值錯亂的迷失之病。

中國哲學重道德，道德並不拘限於意識之中。尤其老莊的道德是道和德，是由德入道，是一種超意識。這種超意識，一方面是挖掉潛意識的根蒂和淨除意識的欲念，另一方面是藉修養的工夫，由德行，或智慧，一超直入道的境地。

所謂「價值提昇」，就老莊思想來說，並非重新建立一種價值判斷，使大家有所遵循，這也許是儒家的目標。老莊思想只重視洗淨意識的工夫，排除一切價值的判斷，如老子的「無為」、莊子的「是非兩忘而化其道」。「無為」就是除掉意識之欲；「是非兩忘」就是超脫是非判斷的意識型態之爭。這種超越價值判斷的工夫和現代人的沒有價值觀念不同。後者是由價值混亂、錯亂，而迷失。向下沉淪到麻木、虛無的深淵。前者卻是擺脫了價值的混亂和錯亂，使心地充實，向上提昇，莊子所謂「照之於天」、「莫若以明」（〈齊物論〉），就是直達天道的清明。莊子思想的這種境界對現代人來說也許高不可及，但這向上一路乃是價值的取向，即使我們站在最低的地方，仍然可以往向上一路去提昇。譬如今天在電視、電影、小說，及各種社團散佈了許多言論，有意要顛覆我們對信仰、婚姻、愛情等生活上的價值觀。他們試圖要建立一些他們自己也不知道的無價值的價值新系統。對於他們的這些作法，我們必須能忘而化之，不受感染，才能使我們的精神、價值往上提昇。

六、結　語

為了參加這次道家思想的國際會議，我的論文題目是把老莊思想拉入現實世界中來應付現代的問題，所以我在最近的老莊課中特別要求十數位國別不同的學生，在期終報告中陳敘他們在生活上所遭遇、或所認為最重要難解的問題，以備討論老莊思想是否能解決這些問題。

在十二篇報告中，十一篇都把所有的問題歸結在欲望上，用他們在課堂上所學得的老莊思想去消減這些欲望。他們都給老莊思想以肯定。只有一篇報告是由一位韓裔在美國土生土長的年輕學生所寫，他在柏克萊大學先學人類學，又學哲學。他的思想非常激烈，不滿意美國的資本主義，他列舉了許多學者批評美國政治社會的問題，如資本主義的毛病，貧富的不均，種族的歧視，美國與中東的戰爭等。他認為老莊思想是消極的，軟弱的，解決不了這些問題。譬如老莊雖然反對戰爭，對於美國總統的輕啟戰端又如何能阻止？從以上的這些報告來看，極大多數的學生，即使是西方人，對老莊思想仍能從根本處著眼，認為老莊思想對於今天人欲高漲的世界，有它釜底抽薪的功效。至於唯一的這篇報告，在表面上，好像揭出老莊思想之所短，不能立竿見影的解決當前的許多政治社會問題。其實，何止老莊思想，即使提倡有為，偏重政治的儒家思想能嗎？強調邏輯，為科學之父的西方哲學能嗎？三十年前，我在臺灣《中央日報》讀過一篇英國史學家湯恩比的英文譯稿，他大聲疾呼當代經濟政策基於人類欲望的追求，將會帶我們走入萬劫不復之地。可是今天全世界的所有國家不是仍然以經濟掛帥，以滿足欲望為唯一訴求嗎？「民之所欲，常在我心」，不正是今天為政者引誘選票的共同宣言嗎？「民之所欲」，充滿了我心，而我心還有自己更大更多的欲，套用孟子的「上下交征利」，變成「上下交征欲」，這就是今日世界欲望橫流的現象。然而總結起來，根本的問題，還是一個「欲」字。老莊思想的高明，就在抓住了解決這個問題的一把鑰匙。雖然不是唯一的鑰匙，但如果能運用它，必然可以解決因「欲」所產生的許多問題。

對應前面我們所提出的道、理、用的整體生命哲學的方法。老莊思想所談的是道之理。在理的層面上，有各種不同的理論，譬如針對現代生活上的各種問題，政治家、社會家、經濟家、科學家也都會提出不同的解決方案。這些方案由於講效率，都是直接、迅速、易見的，正因為如此，結果反而流為頭痛醫頭，腳痛治腳，或以楔去楔，像止痛藥似的，只能暫時的止痛，卻不能從根本上消除問題。所以老莊的思想，可以在理的層次上，去影響其他的理論，使它們在制定方案的時候，能注意到消解人欲的根本問題。另一方面，老莊思想，透過學者的傳播，在用的層面上，可以為一般人所接受，能在他們的生活上，自發自動的去消除私欲，以解決問題。

老莊思想，在理和用兩方面的作用，以及前面我們提到對現代問題紓困的四點，總歸起來，只有一個原則，就是少私寡欲。少私寡欲雖然並不能直接為我們解決當前的問題，但卻可以消滅問題對我們的衝擊，使我們的心理先得到寧靜與平和，然後再尋出解決的方法。老莊的思想，也許正如那兩位美國學者的著作，熄燈，就寢，先回歸自然，養足精神，提昇生命，然後再迎接明天的一切。

最後我們用一個譬喻來說明，今天現代的生活就像汽車的馬力，馬力愈大，所產生的衝擊力與危險性也愈高。因此科技上就發明了新進的剎車，及氣囊等，以防備車禍。但這些都只是防備的措施而已。真正能主導安全的，除了設備外，最重要的還是在於駕駛者本身的清醒與判斷。老莊思想不在消滅馬力，不在製造更好的剎車，也無法阻止我們不去駕駛。老莊思想只是幫助我們睡足了覺，養好精神，能心平氣和的去開車。

吳怡作品精選

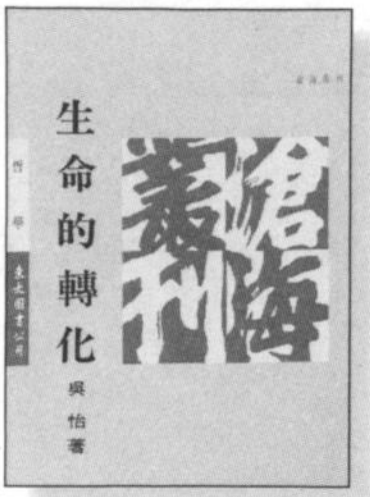

禪與老莊

本書除文字的優美，朗朗上口；思路的活潑，引人入勝外；在內容方面，自始即強調禪是中國思想的結晶，而全書隨處都在指明禪和老莊的關係。旨在正本清源，還其中國思想的本來面目。作者在結論上說：「今後禪和老莊必須更進一步的結合，帶著自然和玄秘的兩件法寶，邁向一個新的世界，去解現代人的饑渴，以救人類文化的危機。」更可見本書的意義和價值。

新譯莊子內篇解義

很多人讀《莊子》都以為莊子是懷疑論，宿命思想，和玩世不恭的人生觀。其實那不是莊子的本色，莊子的思想乃是要我們去發現真我，體認萬物的真實存在，這樣便能轉變這個世間為美麗的世外桃源。

生命的轉化

本書收錄的九篇文字，都是作者近年來的思路歷程，題名為「生命的轉化」，這是貫穿全書的中心思想。也是作者近五、六年來，強調中國整體生命哲學的架構和方法，即「生」、「理」、「用」三方面有如三角形的三個角，互相助成，互相循環，而形成了道的動力，希望這個動力，能把中國哲學帶入一個新的天地。

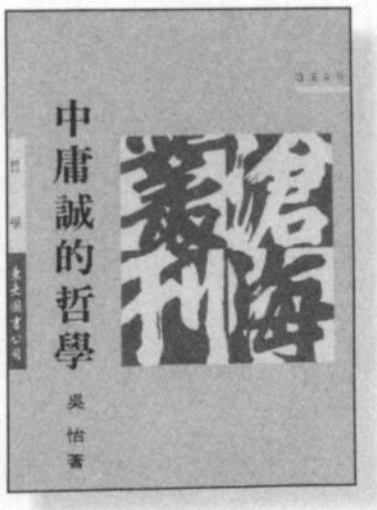

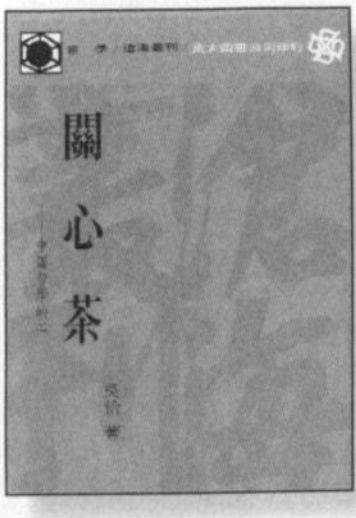

中國哲學史話

作者以中國哲學特有的路數來詮釋中國哲學，並用通俗的語言，輕鬆的筆調，深入淺出地介紹中國哲人的思想。書中以思想家為單元，橫向勾勒出各思想家和思想學派的中心理論，以及與當時其他思想家和學派的相互關涉；縱向則剖析各思想、理論的流演及發展，理出中國思想前後相繼、首尾連貫的統序。隱隱中點出中國哲人為世道而學問的旨趣，使讀者對中國哲學的本來面目，有正確的認識。

新譯老子解義

本書跳脫一般古籍的注釋形式，以語譯和豐富的解義，透過不斷自問的方式，把問題一層層地剝開。有些問題也許不是老子始料所及，但卻是通過老子的提示，用現代人的思考，面對現代人的環境而開展出來的。本書是一般希望了解《老子》真義，而能用之於自己生活思想上的最佳選擇。

中庸誠的哲學

在儒家的經典裡，最富有哲學理論的是《中庸》一書！而在《中庸》一書裡，最重要的關鍵便是一個「誠」字。本書就抓住了這個「誠」字，從天人合一，內聖外王，下學上達之道，打開了儒家哲學的堂奧。更進一步以這個「誠」字，去和道家、佛家思想作比較，寫出了援道、佛以歸儒的理想。本書講究體系完整，推理嚴密，其高度的文學技巧，寓理於情，寫來卻極為生動活潑。

關心茶——中國哲學的心

本書可分為三部分，第一部分為五篇論述關心的文字，是作者最近思想的結晶。第二部分談談「為學與做人」、談「德小姐」、談「六四民運」、談「師生之情」，雖然面向很廣，但卻是作[illegible]心」的家事、國事與天下事。最後六篇為哲學理論，但作者以清晰之文字，寫艱深的哲理，篇[illegible]入勝。所以這三部分的文字，可說都為作者一心所貫。這一心，是關心，也是中國哲學之心。